Flora vétérinaire

Mystère dans les bois

Illustration de couverture : Sophie Ruffieux

Ouvrage originellement publié par Planet Girl Verlag
(Thienemann Verlag GmbH), Stuttgart / Vienne, sous le titre :
Unsere Tierklinik – Rehkitz in not.

Cet ouvrage a été proposé à l'éditeur français
par l'agence EDITIO DIALOG, Michael Wenzel, Lille.

ISBN : 978-2-7470-4752-4
Dépôt légal : mai 2016
Troisième édition

Loi n° 49-956 du 16 juillet 1949 sur les publications destinées à la jeunesse.

Tatjana Gessler

Flora vétérinaire

Mystère dans les bois

Traduit de l'allemand
par Yann Geurmonprez

bayard poche

1

Une adorable boule de poils

Aujourd'hui, Stracciatella est entrée dans la vie de Flora, au fond d'une boîte percée de trous, un vieux carton d'emballage détrempé par la pluie, qui sentait le chien mouillé à plein nez.

Étienne Weber a l'habitude de ce genre de découverte sur le pas de sa porte. Le père de Flora est vétérinaire. Il recueille régulièrement toutes sortes d'animaux que l'on abandonne devant chez lui. Des chiens, des chats dont on veut se débarrasser, des oiseaux tombés du nid ou même des chevreuils percutés par une voiture.

Les gens se disent que ces pauvres créatures seront entre de bonnes mains chez le docteur Weber. Après tout, soigner les animaux, c'est son métier ! Alors ils prennent la poudre d'escampette, sans se soucier de ce que deviendront ces êtres sans défense.

Mais ce soir, quand son père a soulevé avec précaution le couvercle de la boîte et qu'il en a sorti une minuscule boule de poils ruisselante et tremblante, Flora a tout de suite su que ce nouveau pensionnaire serait différent de tous ceux dont ils s'étaient occupés jusqu'à présent.

Encore effrayé, le chiot s'est assis, il a penché la tête et s'est mis à observer Flora, comme s'il lisait en elle. Quelque chose dans ses yeux a fait fondre le cœur de la fillette. On pouvait y deviner de la fatigue, beaucoup de tristesse, mais aussi une étincelle d'espoir. Ces deux petits boutons d'ambre noir paraissaient dire : *« Je n'ai pas eu de chance dans ma courte vie, mais, maintenant que je suis avec toi, je sais que tout ira mieux. Je suis sûr que nous allons devenir d'excellents amis. S'il te plaît, protège-moi et aime-moi, rien qu'un peu ! »*

Une sensation très agréable a envahi Flora, l'impression étrange qu'une nuée de papillons voletait à l'intérieur de son ventre. Ce bébé chien était vraiment à croquer !

Hélas, le père de la fillette n'accepterait sans doute pas de le garder…

Le docteur Weber vient tout juste de le transporter sur sa table d'examen. Il lui caresse le haut du crâne et sourit.

– Qui es-tu, toi ? Tu m'as l'air d'un adorable corniaud !

Il se met à le palper et à l'ausculter. Son visage devient grave, ce qui inquiète Flora. Elle connaît l'importance de chacun des gestes que son père accomplit. Il s'assure que les organes fonctionnent normalement, puis il vérifie la température. Soudain, il pousse un long soupir et lance un coup d'œil lourd de sens à sa fille.

En de pareils instants, Flora est la meilleure alliée de son papa. Elle a parfois l'impression d'être elle-même vétérinaire, ou du moins une assistante dont l'avis et les conseils sont précieux. Dans cette pièce aux murs blancs et à la forte odeur de désinfectant, elle se sent dans son élément. Elle ne compte plus les heures passées ici avec son père ! Ni le nombre d'animaux malades ou blessés qu'ils ont remis sur pied, tous les deux ! Pourtant, à chaque fois, elle éprouve le même bonheur, la même fierté. Sauver des vies, n'est-ce pas ce qu'il y a de plus beau ? Bien plus intéressant que d'aller au cinéma, bien plus satisfaisant que de manger de la mousse au chocolat.

– Flora, j'ai besoin de ton aide. Ce joli chiot est une demoiselle. Elle est frigorifiée, la malheureuse, et n'a plus que la peau sur les os. Ce ne sera pas une mince affaire de la ravigoter, mais je suis certain que tu vas accomplir des merveilles.

Flora sait que son père est préoccupé, car elle a remarqué les plis de son front. Quand il est triste, quand il s'emporte contre les gens qui maltraitent les animaux, ses sourcils se froncent, et des vaguelettes se forment juste au-dessus, identiques à celles que le vent dessine à la surface de l'eau.

– Je vais chercher une lampe chauffante, dit le docteur Weber en passant la main dans les cheveux de sa fille. Tiens, pendant ce temps, prends cette serviette et frictionne-lui doucement le dos.

Si Coline, la meilleure amie de Flora, avait été là, elle se serait écriée : « À vos ordres, doc ! » C'est ce qu'elle fait toujours lorsqu'il leur confie une mission. Mais elle est partie pour la journée avec son père. Lucas Lefort est propriétaire d'une immense ferme située non loin de la maison des Weber. Hier, il a annoncé, d'un air mystérieux, qu'il devait aller négocier « une vache très spéciale ».

Il y a deux ans, Étienne Weber a décidé d'ouvrir une clinique vétérinaire à la campagne. Dès le lendemain du déménagement,

Flora a fait la connaissance de Coline, et elles sont devenues inséparables. Elles partagent leurs goûters à la récré. Elles se sont même aménagé une cachette secrète à la lisière de la forêt, dans laquelle elles aiment se retrouver après l'école. Il arrive aussi très souvent qu'elles s'occupent ensemble des patients de la clinique. Elles les dorlotent, en attendant que le docteur Weber les guérisse et que leurs maîtres viennent les récupérer. Les fillettes se transforment alors en infirmières : tantôt elles administrent des médicaments à un magnifique cheval de course, tantôt elles appliquent des compresses sur un âne blessé, tantôt elles veillent sur un cochon borgne ou encore sur un cygne qui s'est brisé une aile.

Avant de venir vivre ici, Flora n'aurait jamais cru s'y sentir si bien. Mais au premier coup d'œil, elle est tombée amoureuse de ce village plein de charme. L'endroit est sublime. Le jour de son arrivée, elle a cru voir les tournesols du jardin s'incliner, comme s'ils la saluaient. Les arbres en fleurs lui ont aussitôt fait penser à des cierges magiques.

Tout est si paisible, ici ! Où que l'on regarde, on voit des vaches, des chevaux qui broutent l'herbe verte et tendre, sans se soucier d'autre chose que du moment présent.

Sur les chemins, dans les prairies des environs, il n'est pas rare de rencontrer des oies qui se dandinent en troupeaux, des poules ou des canards. Lorsque le soleil chauffe, on voit aussitôt les chats du voisinage se prélasser sur les seuils et les appuis de fenêtre.

Vivre dans ce paradis a décidé Flora à demander à ses parents l'autorisation d'avoir un chien. C'est son rêve !

Depuis toujours, à chacun de ses anniversaires, à chaque Noël, elle espère voir jaillir d'une boîte le plus beau des cadeaux, un être affectueux qui aboierait pour lui dire bonjour et la suivrait partout. Quand elle habitait en ville, c'était impensable : « Ma chérie, répétait constamment Mme Weber, un chien a besoin d'espace ! Il nous faudrait un grand jardin... » Aujourd'hui, à la campagne, ce problème ne se pose plus ! La petite fille en a fait la remarque à sa mère, mais celle-ci s'est contentée d'esquisser un sourire et de l'embrasser sur le front. Quant à son père, il n'a rien voulu promettre : « On verra, on verra..., a-t-il bredouillé, évasif. Tu penses être assez grande ? »

Deux années ont passé, et Flora n'a toujours pas de chien ! Elle est entourée de miaulements, de hennissements et de caquètements, mais aucun des animaux dont elle s'occupe ne lui appartient. Elle voudrait tellement avoir un fidèle compagnon, qui dormirait au pied de son lit ! Et c'est elle qui choisirait son nom !

Flora, plongée dans ses réflexions, frotte le dos et les pattes du chiot. Emmitouflé dans la serviette, celui-ci se blottit contre sa jeune infirmière. Sa truffe humide émerge de sous le tissu, puis sa tête. Son pelage blanc tacheté de noir rappelle à Flora les merveilleuses crèmes glacées à la vanille et aux pépites de chocolat de chez Angelo. Stracciatella, c'est son parfum préféré ! Quand les Weber veulent faire plaisir à leur fille, ils l'emmènent chez le glacier italien. Un jour, en lui tendant son cornet par-dessus le comptoir, celui-ci s'est écrié :

– Et *un gelato delicioso* pour ma *Francesca d'Assisi* !

– *Grazie*, a remercié Flora.

Elle s'est tournée vers son père :

– Pourquoi il m'a appelée Francesca ?

M. Weber a ri et lui a expliqué :

– Angelo te compare à saint François d'Assise, un moine qui a vécu en Italie il y a très longtemps. Il est le protecteur des animaux, on dit qu'il leur parlait.

Quel compliment ! À ce souvenir, Flora rougit de plaisir. Elle serre la chienne contre son cœur et murmure :

– Stracciatella ! C'est le nom que je te donnerais… si je pouvais te garder !

– Ah, je vois que notre jeune amie est presque sèche ! s'exclame le docteur Weber en entrant dans la pièce. Bon travail, Flora ! Il ne reste plus qu'à lui faire une petite piqûre… Voilà ! Maintenant, dodo !

Dans un coin du cabinet, il y a le canapé où le père de Flora passe la nuit lorsqu'il est de garde. Il y a installé des coussins et une couverture pour la petite chienne. Le rayonnement de la lampe chauffante lui permettra de reprendre des forces.

Flora s'assoit auprès de sa protégée. Sans prononcer un mot, elle la regarde tourner sur elle-même, avant de se laisser tomber sur ce lit improvisé, en poussant un profond soupir.

Soudain une sonnerie retentit. Étienne Weber attrape son portable et décroche. La conversation ne dure pas.

– Une urgence ! Je dois y aller, annonce-t-il. Peux-tu rester avec notre malade ? Il est tard, mais demain c'est dimanche… Tu pourras faire la grasse matinée.

– D'accord, P'pa ! Ne t'inquiète pas.

– Donne-lui des croquettes. Tu sais où elles se trouvent ?

– Oui, en bas de l'armoire…

– C'est ça, et veille à ce qu'elle ne bouge pas ; elle doit rester sous la lampe, c'est important ! Bon, je fonce. Je préviens ta mère que tu es ici. À tout à l'heure.

Le cœur de Flora bat la chamade. Son père n'hésite plus à lui confier de vraies responsabilités. Elle se sent fière et déjà un peu… adulte.

Dans la cour, le moteur de la voiture fait entendre son rugissement, les pneus crissent sur le gravier, puis le calme revient. Le vétérinaire a quitté la clinique. Flora remplit de croquettes une gamelle en métal, qu'elle pose sur le canapé, près du museau moucheté du bébé chien. Ses narines frémissent. La petite fille n'a pas besoin d'insister, l'appétit est au rendez-vous et, en un clin d'œil, la gamelle est vide.

Flora s'allonge à côté de la chienne, qui s'étire en bâillant. Satisfaites, l'une et l'autre s'endorment enfin. À son retour, quelques heures plus tard, le docteur Weber est attendri par ce spectacle, et soulagé de constater que sa patiente a mangé. Il se penche à l'oreille de son assistante préférée :

– Ma puce, réveille-toi ! Je vais te porter dans ta chambre.

– Et Stracciatella, murmure la dormeuse, elle va bien ?

– Stracciatella ?

– Ben oui, avec ses taches noires… ce nom lui irait bien.

– Tu as raison, ça lui va à merveille… Rassure-toi, elle se rétablit à vue d'œil, et c'est grâce à toi !

– Dis, elle ira où, quand elle sera guérie ?

La voix de Flora laisse percevoir une inquiétude, qui cède la place à la surprise lorsque son père répond :

– Elle n'ira nulle part.

– Quoi ?

– Elle va rester ici, avec nous. Avec toi !

Il n'en faut pas plus pour que la fillette se réveille tout à fait. Elle écarquille les yeux.

– Tes soins et ton amour lui ont sauvé la vie, tu as montré que tu étais une petite fille très responsable… et puis, tu lui as donné un nom, n'est-ce pas ?

– Je peux la garder ? Youpi ! Maman est d'accord ?

M. Weber hoche la tête. Flora est si contente ! Elle se sent légère et a l'impression que ses pieds ne touchent plus terre !

– Heureusement qu'on l'a trouvée à temps ! souffle-t-elle.

– En vérité, c'est plutôt elle qui est venue à toi…

2

Petit déjeuner en famille

Rien de tel qu'une bonne nuit de sommeil pour se remettre de tant d'émotions ! Enfouie sous sa couette, Flora rêve de sa cachette. C'est un buisson touffu, dont les branches descendent jusqu'au sol et forment un abri idéal pour deux amies et leurs petits secrets. Coline l'a baptisé « l'igloo », car sa forme arrondie rappelle l'habitation des Esquimaux. Bien sûr, elle n'est pas construite avec des blocs de glace, ses murs sont faits de branchages et de verdure.

On y entre par une ouverture très étroite. Personne ne peut soupçonner que des enfants sont là-dessous. L'épaisseur du feuillage est une excellente protection contre l'indiscrétion des adultes, mais aussi contre le vent ou la pluie. Enfin, d'habitude… car Flora sent de l'eau couler sur son visage. Y aurait-il une fuite dans le toit ?

Elle sursaute, ouvre un œil. Il lui faut une dizaine de secondes pour comprendre qu'elle est dans son lit et que tout cela n'était que le fruit de son imagination ! Pourtant, la sensation d'avoir les joues mouillées est toujours là. Flora est encore très fatiguée, et elle se prépare à replonger sous les draps quand une langue rose et baveuse lui lèche la figure. Qu'est-ce que c'est que ça ? Mais oui, elle se souvient maintenant… Stracciatella !

Soudain, Flora n'a plus du tout sommeil. De toute façon, sa nouvelle amie à quatre pattes n'est pas disposée à la laisser paresser : *« Debout !* paraît-elle dire. *Tu ne vas quand même pas rester au lit ! C'est notre première journée ensemble ! »*

La petite fille s'étire et répond :

– Tu as raison, ce serait dommage.

Elle pose un énorme baiser sur la truffe du chiot et se lève. En bas, la cuisine résonne des bruits habituels du matin. L'odeur du café et des toasts grillés met la fillette en appétit. Vite, elle enfile un jean et un t-shirt, et se tourne vers Stracciatella :

– Viens, on va déjeuner ! Papa et Maman sont déjà debout.

Ce dimanche s'annonce très bien ! Flora est ravie de voir que sa chienne déborde d'énergie. Quand elle pense à la pauvre boule de poils qui tremblait au fond de son carton, elle a du mal à y croire. Toutes les deux dévalent l'escalier. Les marches sont hautes, mais cela ne fait pas peur à Stracciatella…

Mme Weber porte la jolie robe d'été qu'elle a achetée en Italie, lors de leurs dernières vacances. Elle coupe du pain et le dispose dans une corbeille. Le père de Flora surveille la cuisson du lait, il bâille à s'en décrocher la mâchoire.

– C'est donc toi, le nouveau membre de la famille ! s'écrie Isabelle Weber en s'accroupissant. Que tu es mignonne, dis donc !

Stracciatella se précipite dans ses bras et manque de la faire tomber, ce qui provoque un éclat de rire général. Ça promet !

– Alors, qu'est-ce que ça fait d'avoir son propre chien ?

– C'est génial, M'man !

– Il va falloir t'en occuper ! Regarde, je lui ai sorti deux gamelles. Tu n'as plus qu'à lui préparer une bonne tambouille. Et n'oublie pas de lui donner à boire !

– Ma-man ! râle Flora. Tu n'as pas besoin de me le dire !

La fillette sait ce qu'elle doit faire. Dans un peu d'eau, elle mélange des croquettes et du lait en poudre, jusqu'à obtenir une bouillie très appétissante… en tout cas pour Stracciatella, qui se jette sur son plat !

– Eh bien, voici une sacrée gourmande ! s'exclame Mme Weber. Ça fait plaisir à voir !

Flora se met à table et engloutit à son tour un copieux petit déjeuner. Il faut emmagasiner des forces quand on est responsable d'un animal !

– Stracciatella a repris du poil de la bête, elle est solide ! commente le docteur Weber en versant du lait chaud dans le bol de sa fille.

Il a les traits tirés et la mine sombre. La nuit a été longue, car il a reçu plusieurs appels d'urgence, pour aider un veau à naître, pour soigner la patte cassée d'un chien et pour ausculter un chat tombé d'un toit. Mais Flora, qui connaît son père mieux que personne, devine que la fatigue n'est pas l'unique cause de sa mauvaise humeur. D'habitude, quand il a pu soulager des animaux en détresse, il se montre joyeux, même s'il n'a presque pas dormi ! Non, décidément, ce matin, ça ne tourne pas rond. Les plis de son front ne mentent pas.

– Allons, tu te fais trop de souci, murmure Isabelle Weber en posant les mains sur les épaules de son mari. Tu te trompes peut-être ! Qui te dit que ce chien est maltraité ?

Flora sursaute et demande :

– Quel chien ?

– Cette nuit, j'ai été appelé par des gens qui avaient été réveillés par les hurlements d'un chien, explique Étienne Weber. Je me suis déplacé à l'adresse indiquée, et un horrible bonhomme m'a ouvert la porte. Derrière lui, j'ai vu un berger allemand terrorisé, mais l'homme a prétendu qu'il n'avait fait que lui marcher sur la patte. Pas exprès, soi-disant ! Je ne le crois pas. Il frappe son chien, j'en suis certain.

Dans la cuisine, l'ambiance a changé. Stracciatella est la seule à ne s'apercevoir de rien. Elle a déniché une chaussure et cherche à savoir si cela se mange.

Flora s'écrie :

– Pourquoi tu ne lui as pas confisqué son chien, à ce méchant monsieur ?

Elle est furieuse. Son appétit vient de disparaître, elle repousse son bol et ses tartines.

– Je n'en ai pas le droit, se lamente le docteur. Si j'avais la preuve des mauvais traitements, je pourrais appeler la Société Protectrice des Animaux. Ils interviendraient et lui trouveraient une place dans un de leurs refuges.

Qu'est-ce que je peux faire d'autre ? Rien… Il n'y a pas de justice pour les animaux. Si je retire ce chien à son propriétaire, je serai accusé de vol. Ce sera pareil que si je lui piquais son vélo !

Stracciatella se désintéresse de sa chaussure et se gratte l'oreille. Visiblement, ce qu'elle vient d'entendre ne lui plaît pas du tout. Elle aussi s'étonne de la cruauté des humains… Flora comprend maintenant la mauvaise humeur de son père. Elle a du mal à y croire.

– Alors on ne peut rien faire pour aider ce chien ?

C'est insupportable !

Elle caresse le pelage hirsute de Stracciatella.

– Comment peut-on songer à te traiter comme si tu étais un objet ? chuchote-t-elle, les larmes aux yeux. Pour moi, tu es une personne, et je t'aime !

3

Mike

Après le petit déjeuner, Flora coupe à travers champs, jusque chez Coline. Stracciatella court dans tous les sens, mais sa maîtresse n'a pas le cœur à gambader. Des pensées tristes se bousculent dans sa tête. Cela vaut-il la peine de poursuivre le rêve de devenir vétérinaire, si l'on n'a pas la possibilité d'agir quand il le faudrait ?

Elle sait bien qu'il existe des gens aussi méchants que le propriétaire de ce malheureux berger allemand. Quand elle habitait en ville, elle a assisté à une scène terrible. Un automobiliste avait tenté d'écraser des pigeons qui picoraient au milieu de la chaussée.

Bien sûr, il n'est pas possible de venir en aide aux animaux du monde entier. Il y a des maladies ou des blessures qu'on ne parvient pas à soigner. Même son père n'en a pas le pouvoir, pourtant il n'a jamais douté de la beauté et de la noblesse de son métier. Comment fait-il ?

À cet instant, Stracciatella s'arrête net. C'est tellement inattendu qu'elle manque de faire trébucher sa maîtresse. Elle s'assoit dans l'herbe, aux pieds de la fillette, et lui lance un regard plein de reproches. Elle paraît protester affectueusement : *« Écoute-moi ! Sans toi, à l'heure qu'il est, je ne serais pas ici. Comment peux-tu imaginer renoncer à ton rêve ? »*

Ses yeux sont si expressifs que Flora éclate de rire. C'est irrésistible ! Son chagrin s'évanouit, à la manière d'un cachet d'aspirine dans un verre d'eau. Elle enlace la petite chienne, la serre contre sa joue et murmure :

– Tu as raison, excuse-moi ! Un jour, c'est sûr, je serai vétérinaire pour de vrai. Et la meilleure ! Promis !

Stracciatella se blottit contre la fillette et salue cette sage résolution d'un aboiement joyeux.

Quelques minutes plus tard, elles entrent dans la cour des Lefort. Un van est garé devant l'étable. Il brille de mille feux sous le soleil, et Flora se demande ce qui se cache à l'intérieur. Et si c'était un trésor extraordinaire ?

Coline accourt et se jette au cou de son amie. Sa voix tremble d'excitation. Elle pousse un cri aussi aigu que le bruit de la fraise du dentiste :

– Floraaaaaa ! Tu arrives juste à temps, on allait ouvrir le camion ! Tu ne vas pas le croire ! Devine ce qu'il y a à l'intérieur…

Elle reprend son souffle, écarte une mèche de ses longs cheveux roux et attend la réaction de Flora. Celle-ci ne partage pas l'enthousiasme de sa copine, elle pense : « Ben, une vache ! », mais préfère ne pas répondre.

D'ailleurs, Coline ne lui en laisse pas le temps, elle vient de remarquer la présence de Stracciatella.

– Oh, il est trop chou ! Il est à qui, ce chien ?

– C'est ma chienne. Hier soir, je lui ai sauvé la vie, explique Flora avec fierté, et j'ai le droit de la garder. Elle s'appelle Stracciatella !

– Tu rigoles ? Tu as un chien ! Et tes parents sont d'accord ? Ouah…

Ébahie, Coline se penche vers l'animal, qu'elle caresse en souriant.

– Aujourd'hui, c'est une super-giga-méga-journée ! Moi aussi, j'ai une surprise…

Elle se mord la lèvre et prend un air mystérieux. Impatiente, elle tire Flora par la manche.

Dès leur première rencontre, Flora a admiré l'énergie et la spontanéité de Coline. Ça a été un « coup de foudre ». La fillette avait entendu cette expression dans un film qu'elle avait regardé avec sa mère, seulement, jusqu'à ce jour, elle n'en avait pas compris le sens. Une simple fraction de seconde lui a suffi pour savoir que cette rouquine aux mimiques malicieuses deviendrait sa « sœur de cœur » – à la vie, à la mort, promis, juré, craché !

Ce jour-là, Coline portait un jean et une chemise à carreaux. Montée sur la remorque d'un tracteur, elle aidait son père à décharger les ballots de foin. Absorbés par leur difficile travail, ils n'avaient pas remarqué que la famille Weber venait de pénétrer dans la cour de la ferme. Flora avait surpris leur conversation.

– J'espère que tu sauras te tenir, pour une fois, avait prévenu Lucas Lefort, en balançant les bottes de foin dans la grange. Nos nouveaux voisins vont nous rendre visite. Ils ont l'air très sympathiques, et j'aimerais que tu ne leur fasses pas peur avec tes manières de sauvage !

– Aïe, aïe, à tes ordres, mon papounet ! avait répliqué Coline de sa voix flûtée. Quoi d'autre ?

– Tâche de ne pas te montrer aussi mal élevée avec eux qu'avec ton vieux père…

M. Lefort avait haussé les épaules, amusé par l'attitude de sa fille adorée, bien que convaincu qu'elle serait incapable de se tenir sage.

Coline n'est pas du genre à passer inaperçue. Jamais à court d'arguments ni de bons mots, elle a même tendance à créer le chaos partout où elle passe. Quand elle mange, par exemple, ça ne loupe jamais : elle trouve toujours le moyen d'en mettre plein ses vêtements. Sans parler du nombre d'objets qui lui échappent des mains et finissent en mille morceaux sur le sol… Quant à sa chambre, c'est un véritable champ de bataille ! À côté de son amie, Flora est presque trop réfléchie – mais ne dit-on pas que les opposés s'attirent ?

Cela dit, quand il s'agit de trancher une situation difficile, la vivacité de Coline est très utile, car elle trouve toujours une solution. Flora, elle, a plutôt tendance à paniquer.

Rayonnante, Coline pointe le van du doigt et sautille d'une jambe sur l'autre.

– Accroche-toi bien ! Tu ne vas pas y croire.

Lucas Lefort sort de l'étable et lance :

– Bonjour, Flora, ça fait plaisir de te voir. Vous êtes prêtes ?

Flora ne sait pas à quoi s'attendre, mais elle hoche la tête. Le fermier ouvre la porte du van. Et là... incroyable ! Au lieu d'une vache, c'est un cheval qui apparaît, pas très grand, le poil brun clair et le ventre rebondi. Il a des yeux immenses, très rieurs.

Les fillettes en restent bouche bée. Un silence s'installe, on entendrait une mouche voler. Il leur faut un peu de temps pour se remettre de leurs émotions. Puis elles laissent bruyamment éclater leur joie. M. Lefort lui-même ne peut s'empêcher de sourire.

– Un haflinger, c'est un haflinger ! chantonne Coline.

Elle virevolte comme une toupie, pendant que Flora applaudit. C'est à peine si toutes les deux reprennent leur souffle. Stracciatella les observe, presque effrayée : *« Elles sont devenues complètement maboules, ma parole ! »* semble-t-elle se dire.

Le cheval inspecte les alentours. Sa crinière longue et soignée ondule dans le vent. Il repère un magnifique pissenlit, tend le cou et l'engloutit avec gourmandise. M. Lefort éclate de rire :

– Vous verrez, il mange comme quatre ! Il est très gentil. C'est une crème ! Vous allez très bien vous entendre avec lui, j'en suis sûr, même si vous n'êtes pas encore les meilleures cavalières du monde. Une escapade sur son dos demain après-midi, ça vous dit ?

Il se tourne vers sa fille :

– Tu sais comment tu vas l'appeler ?

Tout le monde se creuse la cervelle pour trouver un nom au cheval. Coline pense à Caramel, parce que son ventre rond et clair lui rappelle ces délicieuses friandises. Lucas Lefort a soudain une meilleure idée :

– Je trouve qu'il ressemble beaucoup à ce brave M. Hubert, qui assiste le papa de Flora dans son travail…

– Michaël ? s'exclame Flora. Oh, oui ! Je me disais bien qu'il me rappelait quelqu'un.

C'est tout à fait ça ! Michaël Hubert est un petit bonhomme rondouillard aux cheveux châtains, avec une lueur de gentillesse dans le regard. Il est employé à la clinique vétérinaire, mais les Weber le considèrent comme un membre de la famille. Flora l'apprécie beaucoup, il a toujours du temps et une oreille amicale à lui consacrer.

– Bienvenue chez toi, Michaël ! s'écrie Coline, heureuse de la trouvaille.

Elle réfléchit, puis se corrige :

– Ou, plutôt, je vais t'appeler… Mike !

Elle caresse le museau de son cheval, aussi doux que le fauteuil en velours de sa grand-mère.

– On va bien s'amuser ensemble !

Mike s'ébroue et pousse un hennissement puissant.

« Ouaf ! » ajoute Stracciatella, décidée à avoir le dernier mot de cette nouvelle journée si riche en surprises.

4

Une ombre dans la forêt

Le lendemain, en rentrant de l'école, Flora claque la porte un peu trop fort, ce qui fait sursauter son père. Elle jette son cartable dans un coin et s'assoit à table avec ses parents. Incapable de tenir en place, elle avale ses céréales en un temps record.

– Qu'est-ce qui t'arrive ? On dirait que tu as peur de mourir de faim ! s'étonne sa mère.

– Non, c'est juste que je suis très pressée, répond Flora, la bouche pleine.

Stracciatella, assise à côté de sa maîtresse, ne semble pas remarquer son agitation. Elle est concentrée sur la dernière tranche de brioche, comme si elle cherchait à l'hypnotiser, et, quand elle la voit disparaître dans l'assiette de M. Weber, elle laisse échapper un long soupir.

– Tu vas ressortir après le goûter ? demande Isabelle Weber à sa fille.

Le ton de sa voix révèle un peu de déception. Aujourd'hui, elle a prévu de jardiner, et un coup de main ne serait pas superflu ! Mais il n'est pas question que Flora change ses projets.

– Coline et Mike m'attendent, on va se promener.

En prononçant ces mots, elle éprouve une sensation étrange, comme si une armée de fourmis envahissait son ventre.

Étienne Weber s'essuie la bouche avec sa serviette. Il fronce les sourcils.

– Et qu'est-ce que tu vas faire de Stracciatella ?

– Eh bien, elle va venir avec nous ! Pourquoi ?

– Deux jeunes demoiselles et un chien sur un cheval… Ma parole, les musiciens de Brême sont de retour !

Flora connaît le fameux conte des frères Grimm[1], c'est l'un de ses préférés, mais, trop impatiente de partir, elle fait semblant de ne pas entendre la blague de son père.

– Surtout, obéissez bien aux recommandations des parents de Coline ! insiste Mme Weber, non sans inquiétude. Et n'allez pas plus loin que le grand chêne !

– Ouiiii, Maman, promet Flora, un peu agacée.

Elle se précipite dans sa chambre, enfile vite son pantalon d'équitation et dégringole l'escalier. En passant devant la corbeille de fruits, elle chipe une pomme pour Mike, et la voilà partie…

---

1. *Les musiciens de Brême* est un conte des frères Grimm, dans lequel on rencontre un coq monté sur le dos d'un chat, monté sur le dos d'un chien, monté sur le dos d'un âne.

– Et tes devoirs ? lui crie sa mère
Flora ne répond pas, elle est déjà loin !

En cheminant à travers champs, elle ôte son gilet et l'attache autour de sa taille. La chaleur de l'été lui caresse la nuque, le ciel est clair. Seuls quelques minuscules nuages cotonneux gambadent comme des moutons paisibles dans l'infini de ce bleu tendre. Une odeur d'herbe coupée et de fraises gorgées de soleil envahit l'air. Cet après-midi est idéal pour une promenade à cheval.

Quand Flora arrive à la ferme des Lefort, Mike est brossé, sanglé, sellé. Il piaffe sur place.

– Ah, enfin ! Ça fait une heure qu'on vous attend, s'écrie Coline en adressant un clin d'œil à son amie.

Elle lui donne un coup de coude et ajoute :

– Mike en a profité pour dévorer tous les pissenlits de la cour.

Enthousiaste, Stracciatella saute sur la copine de sa maîtresse et manque de la renverser. La fillette la repousse avec gentillesse.

Elle met le pied à l'étrier ; d'un bond, elle se retrouve en selle, puis saisit les rênes. Flora monte en croupe, en portant son petit chien, qu'elle assoit devant elle.

– Ha, ha, les trois drôles de cavalières ! plaisante Sandra, la mère de Coline.

Ses cheveux roux rassemblés sous un foulard, elle pousse une brouette pleine de fumier, qu'elle vient de ramasser dans l'étable.

– Bon, je compte sur vous pour... Vous savez...

– Oui, Maman, pas plus loin que le chêne ! s'irrite Coline. Tu l'as dit cent fois ! On fera très attention !

D'une légère pression sur le ventre rond de Mike, elle l'incite à avancer. Puis elle fait claquer sa langue, et le voilà qui part au grand trot !

Les deux copines sont radieuses, l'une serrant son chien contre elle, l'autre caressant la crinière de sa monture. Depuis des mois, Coline harcelait son père pour avoir un cheval. Il faut dire que, quand elle a une idée en tête, elle peut se montrer très obstinée !

Les fillettes ne parviennent toujours pas à y croire.

– Pince-moi ! Dis-moi que tout ça n'est pas un rêve ! s'écrie Coline.

– Si tu veux..., s'esclaffe Flora, et elle lui pince le bras.

– Aïe ! Alors, c'est vrai ! Vrai de vrai !

Coline éclate de rire. Sa chevelure presque rouge ondule et vole au vent.

La truffe de Stracciatella frémit, ses yeux se plissent ; blottie contre sa maîtresse, elle est aux anges. La petite troupe pourrait chevaucher ainsi pendant des heures ! À cet instant, personne n'imagine la tournure que va prendre cette journée si paisible...

Arrivé en lisière de la forêt, Mike a repris une allure tranquille. Non loin de là, au milieu d'une rangée d'arbustes et de buissons, un léger frisson parcourt le feuillage.

– Qu'est-ce que c'est ? Tu as vu ? s'inquiète Coline.

Flora fronce les sourcils et observe les fourrés.

– Où ça ?

– Là, une ombre !

Stracciatella tend le museau.

– Tu vois, elle aussi, elle l'a senti ! Il y a quelque chose, j'en suis sûre.

– Bah, c'est le vent… Tu as dû te tromper. Je ne vois rien.

Flora hausse les épaules, pourtant une drôle de sensation l'envahit, un léger malaise. La chienne s'est mise à grogner et tremble de tout son corps.

– On descend ? suggère Coline. On verra ce qu'elle va faire.

Les fillettes mettent pied à terre. Une fois au sol, Stracciatella part en courant vers les buissons, qui craquent et oscillent de manière étrange. Que dissimulent-ils ?

Flora serre si fort la main de son amie que ses phalanges blanchissent. De moins en moins rassurées, les deux copines échangent un regard. Chacune comprend ce que l'autre ressent, même si Coline préférerait mourir plutôt que d'avouer à Flora qu'elle a peur.

– Hé, attends-nous, Stracciatella, pas si vite !

La tête baissée, la queue à l'horizontale et le museau frémissant, la chienne est déjà loin devant. Pas facile de la suivre ! A-t-elle flairé une piste ? Elle s'immobilise, renifle une petite flaque et se met à aboyer.

Les fillettes, hors d'haleine, parviennent enfin à la rattraper. Alors, elles sursautent. Malgré la température estivale, un frisson glacé leur parcourt le dos. La flaque… ce n'est pas de l'eau, mais du sang !

5

Une bien triste découverte

Un silence plein d'angoisse s'est installé. Coline est la première à retrouver la parole. Penchée au-dessus de la flaque, elle l'examine attentivement et s'étonne :

– Du sang ?! Hé, il y a des traces qui vont vers le buisson, là-bas…

L'émotion rend sa voix si aiguë qu'elle pourrait briser du verre. Impassible jusque-là, Mike esquisse un pas sur le côté, effrayé par ce cri difficile à supporter pour ses fragiles oreilles. Flora fait la grimace ; elle aussi a mal aux tympans.

Coline poursuit son travail de détective.

– Il y a un blessé pas loin !

Puis elle chuchote :

– Il a dû se cacher dans les buissons.

Elle saisit les rênes de son cheval. Les fillettes inspectent les alentours ; à chaque frémissement des feuilles, les battements de leurs cœurs s'accélèrent.

– Qu'est-ce qu'on fait si c'est un dangereux bandit ? C'est peut-être un évadé de prison recherché par la police ! dit Flora.

Son amie lève les yeux au ciel :

– On n'est pas à la télé !

Un bruissement l'interrompt, quelque chose a bougé. Perdus dans la végétation, deux yeux noirs écarquillés, apeurés, fixent les amies et leurs animaux.

Flora se ronge les ongles, Coline mordille sa lèvre inférieure, ni l'une ni l'autre n'ose prononcer un mot de plus. Les sens en éveil, les muscles tendus, Stracciatella est prête à attaquer. Seul Mike demeure imperturbable. Il profite de la pause pour brouter l'herbe savoureuse devant lui, sans se soucier du reste.

Soudain, tout se précipite.

– Stracciatella, non, ici, Stracciatellaaa ! hurle Flora.

C'est la panique ! Trop tard ! La chienne bondit en aboyant vers la mystérieuse créature, qui jaillit, terrorisée, et passe à toute vitesse devant les deux copines, puis s'enfonce dans la forêt.

Flora et Coline échangent un regard stupéfait. Elles ont un peu honte d'avoir éprouvé tant de frayeur. En effet, le fuyard n'est qu'un malheureux bébé chevreuil épouvanté, et non un criminel en cavale comme elles l'avaient imaginé. Le pauvre animal traîne derrière lui une chaîne, attachée autour de son cou. Quels cliquetis horribles ! Le métal a blessé le flanc de cet être inoffensif. Voilà pourquoi il saigne.

Les petites filles n'ont pas eu le temps de réagir. Le faon a déjà disparu entre les arbres, dans l'épaisseur des taillis. Même Stracciatella s'est laissé distancer. Elle revient vers sa maîtresse, penaude.

Les questions se bousculent dans la tête de Flora, comme des papillons de nuit attirés par la lueur d'un lampadaire. D'où vient ce faon ? A-t-il encore sa maman ? Pourquoi a-t-il été enchaîné ? Qui a pu commettre un acte aussi cruel ?

– Pauvre petit chevreuil ! Si je tombe sur celui qui a fait ça…, s'emporte Coline. Je suis tellement en colère ! Tu imagines ? S'il croise des chasseurs, il n'aura aucune chance !

Plus les fillettes réfléchissent, plus elles sont inquiètes. Combien de temps peut-il tenir avec cette vilaine blessure ? Il perd beaucoup de sang ! En bonne spécialiste des animaux, Flora estime que le faon est âgé de cinq mois environ. Cela signifie que, même s'il commence à pouvoir se nourrir seul, il a encore besoin de sa mère. Comment survivra-t-il sans elle ?

Ces interrogations la tourmentent. Elle comprend mieux ce que son père a ressenti en voyant qu'il ne pourrait rien faire pour éloigner le berger allemand de son horrible maître.

Elle est furieuse de n'avoir pas été assez rapide pour porter secours au bébé chevreuil. Coline essaie de la consoler :

– Ce n'est pas ta faute, les faons sont très agiles. Tu n'aurais jamais pu le capturer. Et je suis sûre qu'on finira par le retrouver...

Dès qu'il faut soutenir son amie, Coline possède une arme secrète : son sourire *ça-va-aller* ! Mais aujourd'hui la tâche est trop ardue, et même une montagne d'optimisme ne suffira pas.

De retour chez elle, Flora court dans le cabinet de son père et y entre sans frapper. D'ordinaire, elle ne se conduit pas ainsi, car elle sait que le métier de vétérinaire exige la plus grande concentration, mais elle est bouleversée et en oublie ses bonnes habitudes.

Elle reprend d'abord son souffle. Sa tête brûle, comme si elle avait de la fièvre. Stracciatella aussi a besoin de récupérer. Elles ont parcouru la distance qui sépare la ferme des Lefort de la clinique à toute allure.

Revêtu de sa blouse blanche, le docteur Weber est occupé à opérer l'abcès à la gencive d'un vieux teckel. À la façon dont sa fille surgit dans la pièce, il devine qu'un événement grave s'est produit. Il la dévisage, inquiet, puis fronce les sourcils, pose ses instruments et demande :

– Quelqu'un est tombé de cheval ? Est-ce que Mike s'est blessé ?

Flora est obligée de s'appuyer sur la table d'examen, afin de ne pas perdre l'équilibre.

– Non, Papa, on va bien, ne t'en fais pas, je… Le… le faon !

Elle raconte alors toute l'histoire, les mots sortent en cascade de sa gorge et lui coupent la respiration. De larges plis se forment sur le front d'Étienne Weber.

– Commence par prendre une grande bouffée d'air, ma puce, calme-toi, dit-il en serrant Flora dans ses bras. On va chercher une solution, je te le promets. Mais il faut que je soigne ce teckel tant qu'il est sous anesthésie. Peux-tu aller voir Mme Laforge dans la salle d'attente ? Elle a besoin de réconfort : sa chatte va avoir des petits, et, tu la connais, elle est toujours un peu paniquée quand il s'agit de la santé de Minka. N'oublie pas qu'elle est sourde ; parle-lui à haute et intelligible voix ! Minka sera ma dernière patiente de la journée. Après, on réfléchira aux moyens de porter secours au faon.

En prononçant ces mots, le père de Flora ne se doute pas que les choses seront bien plus compliquées que cela !

Flora rassemble son courage et passe dans la pièce voisine. Donatienne Laforge y est assise, tassée sur elle-même, la mine triste. Ses bras maigrichons protègent le panier au fond duquel son trésor pousse de longs miaulements plaintifs.

La vieille dame a dépassé les quatre-vingts ans et elle vient souvent consulter le docteur Weber. Depuis que son mari est décédé, elle vit seule avec son chat. Elle tient à lui comme une mère à son enfant.

En apercevant Flora, elle esquisse un geste et supplie :

– Il faut absolument que je voie ton papa ! C'est très urgent. Je crois que ça ne va pas…

Ses doigts tremblent – est-ce l'âge ou le stress ? Depuis une semaine, elle a téléphoné tous les jours au vétérinaire au sujet de sa petite protégée. Mille fois, Étienne Weber a tenté de la rassurer et lui a expliqué que Minka n'avait besoin de personne. Mais cela s'est révélé inutile : la maîtresse de Minka est tout de même venue au cabinet.

Flora est un peu agacée. Avec ses peurs exagérées, Mme Laforge va faire perdre de précieuses minutes à son père. Et, pendant ce temps, le faon est toujours en danger, quelque part dans la forêt. À cette idée, la fillette a une boule à l'estomac. Malgré son impatience, elle a conscience que la vieille dame n'est pas responsable de la situation et elle s'efforce de se montrer gentille.

– Mon père est en train d'opérer… Ne vous inquiétez pas : Minka va juste avoir ses petits. Ça devrait plutôt vous faire sourire !

La jeune assistante vétérinaire articule chaque syllabe, un peu comme si elle épelait les mots, pourtant Donatienne Laforge panique encore plus :

– « Mourir » ? Oh, tu penses aussi que Minka va mourir ?

Ses yeux se mouillent déjà.

– Non, j'ai dit « SOU-RI-RE »…

– Tu entends comme elle miaule ? Elle va mourir, c'est sûr…

La vieille dame fond en larmes. Flora ouvre le couvercle du panier et caresse la chatte avec précaution. L'animal ne montre pas la moindre méfiance à l'égard de la fillette. Soudain, le visage de celle-ci s'illumine, elle vient de sentir bouger les petits dans le ventre de leur mère.

– Non, elle ne va pas mourir ! répète-t-elle. Et les chatons sont en pleine forme !

Flora saisit la main de Mme Laforge et la pose sur le ventre de Minka. Soulagée, la vieille dame sort un mouchoir et sèche ses joues.

C'est alors que survient un imprévu, qui, pendant quelques minutes, fait oublier à la fillette le sort du bébé chevreuil…

6

Un coup de sonnette inattendu

Dans son panier, Minka se lève, et roule sa couverture en boule. Après plusieurs tours sur elle-même, elle se rallonge. Son comportement ne laisse aucun doute : elle s'apprête à donner le jour à ses petits.

Mme Laforge bondit de sa chaise avec une rapidité surprenante pour son âge.

– Oh, mon Dieu, va chercher ton père !

La fillette l'arrête, d'un geste amical mais ferme.

– Tout est normal ! Il ne faut pas la stresser. S'il vous plaît, restez assise, je m'en occupe.

Stracciatella, qui, jusque-là, s'était tenue à l'écart, comprend que la pauvre femme a besoin de réconfort et vient poser son joli museau tacheté sur ses genoux. Donatienne Laforge lui caresse la tête, mais elle n'a d'yeux que pour son chat.

Minka miaule de plus en plus fort. Un affreux doute s'empare de Flora. Est-ce qu'elle ne se trompe pas ? Est-ce que tout se passe vraiment bien ? Quelle angoisse ! Elle jette des regards discrets vers la porte du cabinet. Pourvu que son père ne tarde pas ! C'est une lourde responsabilité qu'elle prend là !

Avant tout, elle doit garder son sang-froid et ne rien laisser deviner de ses craintes.

– La poche des eaux est rompue, il n'y a pas de problème, déclare-t-elle avec assurance.

Plus qu'à la chatte ou à sa maîtresse, c'est à elle-même qu'elle adresse ces paroles. Dans une telle situation, les encouragements sont très précieux, même s'ils viennent de soi.

Flora se penche vers Minka et lui parle à mi-voix. Alors, le miracle arrive…

– Oh, voilà le premier chaton !

La vétérinaire en herbe est soulagée, elle affiche une mine ravie. La minuscule boule de poils aveugle paraît si fragile, un peu perdue dans ce nouveau monde ! Heureusement, cela ne dure pas. Minka coupe le cordon ombilical et lèche son petit.

Mme Laforge ne peut se retenir de pleurer, mais, cette fois, c'est sa joie qui s'exprime. Flora ne doit pas se laisser distraire ; les autres bébés vont bientôt naître.

Enfin, le docteur Weber apparaît. Il s'excuse auprès de Mme Laforge de ne pas avoir pu être présent plus tôt. Un coup d'œil dans le panier de Minka lui permet de constater que les choses se déroulent sans souci. Quelle fierté pour son papa d'avoir une enfant aussi passionnée et dégourdie que Flora !

– À ce que je vois, on n'a pas besoin de moi, ici !

Il passe la main dans les cheveux de sa fille, et se tourne vers la vieille dame :

– Rentrez chez vous pour vous reposer… Tout danger est écarté ; je reste auprès de Minka, de toute façon. Michaël va vous raccompagner, et, demain, nous vous amènerons les bébés et leur mère, d'accord ?

Donatienne Laforge accepte, épuisée par tant de craintes et d'espoirs mêlés. Flora la conduit à la voiture et prévient Michaël Hubert. Pendant ce temps, Étienne Weber emporte le panier dans son cabinet, pour surveiller la naissance des chatons suivants.

Au retour de sa fille, quelques minutes plus tard, il la félicite :

– Tu as toujours été une excellente assistante, mais, là, je suis épaté ! Tu as su apprécier la situation et prendre les bonnes décisions. Bravo ! Et ça n'a pas dû être facile de rassurer Mme Laforge. Qu'est-ce que je ferais si tu n'étais pas là ?

Flora est très contente, mais la fatigue prend bientôt le dessus, et elle laisse échapper un long bâillement.

– Allonge-toi sur le canapé, mon poussin, conseille son père. Je crois que nous attendons encore deux chatons. Repose-toi et, quand j'aurai fini, on s'occupera du faon !

Flora s'assoit, ramène ses genoux contre son menton et se met à observer les formes géométriques du carrelage : un ours rondouillard, une lune qui rit, un lièvre accroupi dans l'herbe – la fillette y voit toutes sortes d'images, mais le jeu n'est pas aussi amusant que d'habitude. Car son esprit est préoccupé par le souvenir du bébé chevreuil.

Elle se sent tiraillée par des émotions contradictoires. Comment est-il possible d'être à la fois joyeuse et triste ? Elle est impatiente de tenir enfin les chatons dans ses mains, pourtant elle ne peut oublier son chagrin et la terrible vision du faon blessé. Elle est comme écrasée par un poids énorme, et son cœur se serre.

Elle adresse un léger sourire à sa petite chienne :

– Qu'est-ce que tu en penses, toi ? Tu crois qu'on va y arriver ?

Jusqu'ici absorbée par le déchiquetage d'une brochure trouvée sur le présentoir de la salle d'attente, Stracciatella s'immobilise. Elle regarde sa maîtresse, incline la tête et la secoue de droite à gauche.

– Quoi ? Je ne comprends pas ce que tu veux dire.

Un frisson parcourt le dos du chiot, qui se met à trembler comme une feuille. Puis Stracciatella bondit et court jusqu'à l'entrée de la clinique en aboyant, comme si la réponse aux questions de Flora se cachait derrière la porte…

La petite fille se précipite dans le vestibule. Juste au moment où elle tourne le verrou pour ouvrir, un coup de sonnette retentit. Elle n'imagine pas encore la surprise qui l'attend de l'autre côté. La nuit est tombée, et l'obscurité laisse entrevoir deux silhouettes. Incroyable ! Stracciatella avait raison de ne répondre ni oui ni non à ses interrogations : personne ne devra plus partir à la recherche du faon, car quelqu'un vient de le retrouver et l'a amené à la clinique ! Tout s'arrange !

Dans l'encadrement de la porte, Maxime Richet tient son vélo d'une main, et de l'autre la chaîne qui retient prisonnier le malheureux faon terrifié. Ce blondinet est le fils d'un gendarme de la région. À l'école, toutes les filles sont folles de lui, sauf Flora, qui n'apprécie pas son côté crâneur. Il ne se sépare jamais de son VTT chromé et roule des mécaniques, et, s'il a un blouson neuf ou la dernière console à la mode, il s'en vante auprès de tous ses camarades. Heureusement, il est un peu plus âgé qu'elle, et ils ne sont pas dans la même classe.

En tout cas, à cet instant, rien de tout cela ne compte. Flora, folle de joie, pourrait même lui sauter dans les bras. Le garçon la salue timidement. Il n'est pas très à l'aise, sans doute à cause de l'histoire du lapin…

Ça s'est passé il y a un mois : un jour, Max est arrivé au cabinet avec Charlot, son lapin. Comme son père opérait un chien victime d'un automobiliste, Flora a examiné l'animal. Max était très soucieux, car son compagnon à grandes oreilles s'arrachait les poils par touffes entières.

– J'ai peur que ce soit une maladie bizarre et contagieuse. Caroline, ma lapine, pourrait l'attraper…

– Il a l'air d'aller bien, a constaté Flora. Il est même plutôt grassouillet !

Elle l'a caressé et a ajouté :

– Il s'arrache les poils, tu dis ? Et est-ce qu'il mange avec appétit ?

Max a acquiescé. Flora a eu du mal à ne pas éclater de rire.

– Je vois, je vois !

– Tu sais ce qu'il a ? Est-ce que c'est grave ? Il va mourir ?

Le garçon était stressé, des rougeurs marbraient ses joues. Ça plaisait à Flora qu'il se fasse autant de souci pour son lapin, ça prouvait qu'il l'aimait. Finalement, elle s'était peut-être trompée sur son compte…

Flora a secoué la tête.

– Non, Charlot n'est pas malade. Au contraire, il va juste avoir des petits… Il s'arrache les poils dans le but de fabriquer un nid !

Il fallait voir la mine abasourdie de Max ; on aurait dit une poule qui avait trouvé un couteau !

– Pas possible, tu dis n'importe quoi... Charlot est un mâle.

Vexée, Flora a rétorqué du tac au tac :

– On parie ? On va demander à mon père, et s'il me donne raison...

– ... je viendrai t'aider à nettoyer les boxes des animaux, l'a interrompue le garçon. Par contre, si tu perds, tu devras laver mon vélo. Et il faudra qu'il soit nickel ! Bonne chance, parce que je vais gagner !

« Qu'est-ce qu'il est bête ! » a alors pensé Flora, sûre de son fait.

En effet, une demi-heure plus tard, Étienne Weber a ausculté le lapin, palpé son ventre rond et adressé un clin d'œil à Max :

– Félicitations, jeune homme. J'espère que tu as une grande cage, parce que, dans quelques jours, tu auras des lapereaux !

– Incroyable... Charlot est une femelle ? Et il va avoir des bébés ?

Max a écarquillé les yeux, puis, après un instant de réflexion, il a continué :

– Ça veut dire que Caroline est un mâle ? Ouah… Je vais avoir plein de lapinous, cool !

Il s'est tourné vers Flora, amusée, et a admis à mi-voix :

– On dirait que tu as gagné.

Le docteur Weber a lancé un regard interrogatif à sa fille.

– Max ne voulait pas me croire, alors on a parié. Et il a promis de venir avec moi changer la paille des boxes de nos pensionnaires.

Seulement, voilà : après ça, on n'a plus revu Max à la clinique. Enfin… jusqu'à ce soir ! Debout devant Flora, gêné, il bafouille :

– J'étais en train de faire du vélo en forêt… et j'ai trouvé ce faon. Sa chaîne s'était prise dans les branchages et il ne pouvait plus bouger. Je crois qu'il a besoin de ton père, de toute urgence !

En effet, le jeune chevreuil tient à peine sur ses pattes.

Flora toise son camarade, d'un air ironique et amical à la fois. Celui-ci rougit comme une tomate, mais elle feint de ne pas le remarquer et s'écarte pour le laisser passer.

– Entre ! Tu vas pouvoir nous aider. Comme ça, tu tiendras parole, finalement… Tu sais ? Pour le pari…

7

Dette d'honneur

Le faon est mal en point. Il faut d'abord lui administrer une piqûre, qui calmera la douleur. Un tranquillisant facilitera l'examen de la blessure. L'entaille est profonde et sanglante. Flora est habituée à ce genre de spectacle, mais Max pâlit. Il tente de dissimuler son malaise et rassemble tout son courage pour aider la fillette. À deux, ils maintiennent le petit patient, qui se débat et pourrait se faire très mal s'il tombait de la table.

Le vétérinaire laisse éclater sa colère :

– Je ne comprends pas d'où vient cette satanée chaîne. Comment peut-on commettre de telles horreurs ? Torturer une créature innocente... J'espère que les coupables seront punis avec une extrême sévérité !

Il se saisit d'une pince pour cisailler la chaîne. Pas facile ! De grosses gouttes de sueur coulent le long des rides de son front. Ces quelques minutes semblent interminables. Enfin, le métal cède, et l'animal est libéré. L'objet responsable de ses blessures est aussitôt jeté à la poubelle.

Le petit chevreuil a compris qu'ici on ne lui veut que du bien, mais il reste très agité. Ses yeux noirs inquiets cherchent du réconfort dans le regard affectueux de Flora.

– Oui... là, c'est ça, tu peux avoir confiance, susurre-t-elle. Mon papa est le meilleur vétérinaire au monde. Tu vas voir, tu seras bientôt sur patte.

Elle lui caresse le flanc et inspecte la blessure. La chair a enflé, l'infection ne doit surtout pas s'étendre.

– Il faut nettoyer la plaie en profondeur, explique Étienne Weber, en préparant une seringue d'antibiotiques.

Flora va prendre un flacon d'antiseptique, en imbibe une compresse stérile et tamponne les bords de l'entaille. Elle y met tant de délicatesse que le bébé chevreuil sursaute à peine.

Max se montre très attentif au bien-être de l'animal. La fillette se reproche de l'avoir jugé trop vite, elle s'étonne même de sa timidité. Après tout, peut-être qu'après l'histoire du lapin, il n'a pas osé revenir ? Peut-être qu'il se sentait trop ridicule ? Le garçon, penché sur le faon, devine que Flora l'observe et il ne peut s'empêcher de rougir. Alors, il redouble de concentration, comme pour échapper à la curiosité de sa camarade.

Le docteur Weber pratique une anesthésie locale, avant de suturer la blessure. Puis il adresse un clin d'œil à Max.

– Hé, tu te débrouilles pas mal ! Je crois que vous êtes quittes, maintenant... Je parle de votre pari.

Le garçon esquisse une moue embarrassée. Flora décide alors de venir à son secours.

– Papa, ment-elle, on est déjà quittes ! La semaine passée, Max a nettoyé les boxes avec Michaël, toute une après-midi.

Max a un mouvement de recul involontaire, surpris que la fillette le défende ainsi. L'attention du vétérinaire est alors détournée par l'irruption de Michaël Hubert dans le cabinet.

Celui-ci porte la main à sa casquette.

– Bonsoir, la compagnie ! Oh, dites donc, qui est cette adorable peluche ? Pas jolie, jolie, sa blessure…

Il siffle entre ses dents et ajoute :

– Étienne, j'ai fini les boxes, est-ce que tu as encore besoin de moi ?

– Oui, désolé, Michaël, il faut préparer un nid douillet pour notre nouveau pensionnaire, répond le vétérinaire en appliquant une pommade cicatrisante sur la gorge du faon. J'ai presque terminé…

Flora lui coupe la parole :

– On peut le faire, nous…

– Oui, on peut s'en occuper, approuve Max.

D'accord. Il faudra aussi lui donner le biberon. Il doit reprendre des forces.

– Papa, on est deux, on y arrivera !

Le vétérinaire est ravi que les enfants se sentent si concernés. Il tape sur l'épaule de son employé.

– Je crois que tu peux rentrer chez toi ! Merci de ton aide. À demain.

– Oh, Michaël ! s'écrie Flora. Est-ce que tu peux téléphoner à Coline ? Il faut qu'elle sache que le faon est vivant. Elle doit s'inquiéter ! Quand on aura fini, il sera tard. Je lui raconterai le reste à l'école…

– À tes ordres, ma grande ! Et nourrissez bien notre petite créature de la forêt.

Michaël Hubert embrasse Flora et quitte la pièce.

– P'pa, est-ce qu'il va guérir ? interroge la fillette, préoccupée.

– Je l'espère. Il a l'air d'un solide gaillard, mais il est faible et beaucoup trop maigre. S'il mange et se remplume, ça devrait aller. C'est votre mission ! Ça ne sera pas simple de le faire boire, je vous préviens. Quand un animal a été maltraité par un humain, il est très difficile de regagner sa confiance… Je dois le garder pour lui faire une injection de fortifiant. Je vous l'amènerai juste après. En attendant, préparez-lui une litière.

*

Le silence règne chez les Weber. La clarté de la lune dessine l'ombre des bâtiments de l'ancien corps de ferme, carrés comme des boîtes à chaussures sur le fond noir de la campagne. Les enfants pénètrent dans l'allée qui mène aux boxes où logent les grands animaux que soigne le docteur Weber. La terre a été balayée. Les bêtes ont été servies avec générosité, et l'on entend le bruit satisfait de leurs mâchoires.

Souvent, le soir, Flora aime se glisser ici. Elle savoure le calme de l'endroit et l'odeur du foin. Combien de fois y est-elle venue nourrir les pensionnaires, ou simplement rêvasser ? Elle ne saurait le dire, ça fait longtemps qu'elle a arrêté de compter ! « Tu passes plus de temps au milieu des animaux que dans ta propre chambre », plaisante parfois Michaël.

Flora et Max étalent de la paille fraîche sur le sol d'un box et remplissent le râtelier de foin tendre et croquant.

– Bon, voilà ! s'exclame la fillette en époussetant son jean. On lui a aménagé un lit confortable, le faon va pouvoir se reposer.

Max a ramassé une brindille, qu'il tord dans tous les sens. Dehors, des pas approchent. Stracciatella dresse les oreilles.

– Je voulais juste te dire..., bredouille le garçon. C'est trop classe de ta part...

– Quoi ?

Il cherche ses mots :

– C'est... gentil d'avoir caché à ton père que je n'ai pas tenu parole. Tu as menti pour moi ; à ta place, je ne l'aurais pas fait.

– Tu avais l'air gêné. Je n'ai pas eu le cœur de... Mais, tout de même, j'ai mauvaise conscience. Je n'aime pas raconter des bobards, surtout à mon père !

Elle entortille une mèche de cheveux autour de son doigt.

– Tu sais quoi ? Je viendrai vous aider à soigner le faon ces jours-ci… si tu es d'accord, propose Max. Et je parlerai à Michaël. Il faut éviter qu'il fasse une gaffe, je lui expliquerai tout !

Flora fronce le nez d'une drôle de manière. Ce tic indique qu'elle est en train de réfléchir. Est-ce qu'elle peut lui faire confiance ? Max insiste :

– Je te le promets, je ne me défilerai pas !

La fillette hoche la tête :

– OK.

Le visage du garçon rayonne de joie. Les bruits de pas se sont rapprochés. Soudain, le docteur Weber et le petit chevreuil font leur apparition. Stracciatella se précipite dans la direction des enfants et tente de les rejoindre dans le box.

– Non, toi, dehors ! ordonne Flora.

La chienne ne l'entend pas de cette oreille et se faufile entre les jambes d'Étienne Weber, qu'elle manque de faire tomber.

– Hé, non !

Stracciatella est têtue, mais, devant la détermination de sa maîtresse, elle finit par ressortir du box. Le portillon refermé, le père de Flora tend à sa fille un biberon de lait qu'il a préparé spécialement. Hélas, le faon épuisé s'est recroquevillé dans un coin et s'est endormi.

– Il n'a rien bu, soupire Flora. La nuit va être longue…

8

Le pouvoir de l'amitié

La journée d'école passe lentement. Flora ne parvient pas à se concentrer. Ses paupières sont lourdes, mais elle s'efforce de suivre ce qui se passe au tableau, car, si elle veut devenir vétérinaire, elle doit obtenir de bonnes notes. Malgré tout, ses pensées vagabondent.

Elle a passé la moitié de la nuit dernière assise dans la paille, à côté de Max, à trembler et à espérer. Le faon a dormi presque tout le temps ; les quelques fois où il s'est éveillé, il a refusé de s'alimenter.

À une heure très avancée, Isabelle Weber a fait irruption dans le box.

– Flora, au nom du ciel, a-t-elle chuchoté, pour ne pas déranger l'animal assoupi, vous savez l'heure qu'il est ? Max, ton père a téléphoné. Il voudrait que tu rentres. Il faut aller vous coucher, vous avez classe demain.

– Maman… Il n'a pas encore bu, il risque de mourir ! a protesté Flora, les larmes aux yeux.

– Ma puce, vous devriez être au lit depuis belle lurette. Michaël a promis de venir plus tôt demain matin, il s'occupera de votre petit protégé.

Les deux enfants ont obéi à contrecœur, et Max a juré de revenir en fin d'après-midi, après les cours.

À la récré, Coline veut tout savoir de la soirée de la veille, dans le moindre détail !

– Tiens, tiens, ce gros crâneur est gentil, d'un coup ? ironise-t-elle à propos de Max.

Eh ben, j'aimerais bien voir ça ! Sinon, je ne pourrai jamais le croire…

Elle fronce ses sourcils roux et prend un air vexé. Qu'un autre ait retrouvé le faon et aidé sa « sœur de cœur » à le soigner, ce n'est déjà pas facile à accepter. Mais que ce soit cet idiot de Max qui ait pris sa place… alors, ça, c'est la meilleure !

Flora devine que son amie est jalouse. Elle connaît ce pincement qui fait mal et ne vous lâche pas. Elle tente de lui expliquer que les choses se sont déroulées trop vite et qu'elle n'a pas pu la prévenir. Coline joue l'indifférence, mais faire semblant, ce n'est pas son truc, et elle garde sa mine des mauvais jours.

Pendant la leçon de mathématiques, les chiffres défilent. Elle s'en rend à peine compte, car son attention est ailleurs. Elle tripote sa trousse avec rage, on croirait qu'elle cherche à l'étrangler. Consciente qu'être jalouse ne sert à rien, sauf à se brouiller avec sa copine, Coline finit par ravaler sa déception. Mais c'est aussi désagréable que de prendre une cuillerée de sirop contre la toux. Elle souffle un grand coup et chuchote à Flora qu'elle aimerait beaucoup venir chez elle après la classe pour l'aider à veiller sur le faon.

Quand le son strident de la sonnerie retentit enfin à travers l'école, Flora rassemble ses livres en hâte et se précipite chez elle. À peine arrivée, elle se dirige vers les boxes. Michaël, appuyé sur sa pelle, lui lance un regard fatigué et triste. Il secoue la tête.

– Oh, non !

Flora jette son cartable sur le sol.

– Il n'a pas bu ? Il ne va pas mourir, hein ?

Sa voix tremble. Elle est si bouleversée qu'elle ne remarque même pas que Stracciatella lui fait la fête. Michaël Hubert enlève son bonnet. Perplexe, découragé, un peu perdu, il se passe la main dans les cheveux.

– La blessure a un bel aspect, c'est plutôt rassurant, mais le pauvre ne veut rien avaler. Je ne sais plus quoi faire, moi… Je lui ai parlé, parlé, beaucoup parlé. Sans résultat !

L'employé de la clinique aime discuter avec les animaux. Il est persuadé qu'ils comprennent chacun de ses mots et prétend que cela favorise la guérison. À cause de cela, les gens le trouvent bizarre, mais il s'en moque.

Flora s'assoit dans la paille. Elle se blottit contre le faon.

– T'as pas le droit de mourir, tu entends ? Il faut boire, c'est important…

De grosses larmes coulent sur les joues de la fillette.

Assise dans la cuisine, devant son goûter, Flora ne dit pas un mot. On entendrait une mouche voler. La tristesse lui coupe l'appétit. Elle remue sa cuillère dans les céréales, pendant que les flocons ramollissent au fond du bol.

– Ma chérie, la prévient sa mère, je ne te laisserai pas quitter la table tant que tu n'auras pas essayé de prendre au moins une bouchée ! Tu es un peu pâle…

Mme Weber caresse la joue de sa fille et, pour la consoler, tente une plaisanterie :

– Bon, je donne ton goûter à Stracciatella ? Je suis sûre qu'elle ne le refusera pas, elle…

Elle s'interrompt et regarde autour d'elle.

– Au fait, Stracciatella n'est pas là ? Où est-elle passée ?

Soudain, Flora, sortant de sa torpeur, s'aperçoit que son chien n'est pas à ses côtés. D'habitude, à l'heure des repas, elle ne laisse jamais sa maîtresse tranquille tant qu'elle n'a pas reçu une friandise. Trop occupée à ressasser ses soucis, la fillette a négligé sa chienne. Comment a-t-elle pu la délaisser ainsi ? Honteuse, elle bondit de sa chaise et part à sa recherche. Elle appelle :

– Stracciatellaaa !

Aucun bruit. Pas le moindre petit aboiement.

– Stracciatella, où es-tu ?

Dans sa chambre, sous le lit ? Derrière le canapé du salon ? Flora fouille la cave, le grenier, toute la maison. En vain !

– Ma puce, il faut que tu prennes ton goûter, intervient son père. Stracciatella ne doit pas être loin…

Flora n'entend pas, elle sort en courant.

– Stracciatella a disparu ! crie-t-elle à Coline, qui vient d'entrer dans la cour à fond de train.

– Il ne manquait plus que ça ! gémit celle-ci en descendant de son vélo, qu'elle jette dans l'herbe avant de partir à son tour en quête de la disparue : Stracciatellaaaa !

De plus en plus anxieuses, les amies explorent tous les recoins de la propriété.

– Michaël, tu n'aurais pas vu Stracciatella ? halète Flora, angoissée, en pénétrant dans le coin des boxes.

Elle a les poings serrés, prête à éclater en sanglots, quand l'employé laisse échapper une exclamation de joie :

– Hé, je l'ai trouvée, venez vite ! Il faut voir ça.

Quel tableau incroyable ! Stracciatella est installée dans le box du faon, blottie contre lui, comme si c'était la chose la plus naturelle au monde. Elle a posé son museau sur le dos du petit animal encore endormi.

Tout à l'heure, quand sa maîtresse a refermé le portillon, la maligne en a profité pour se faufiler à l'intérieur. Et on dirait bien qu'elle s'est fait un ami ! Les fillettes sont soulagées. Coline est heureuse de partager ce moment avec Flora. Quant à la jeune chienne, elle adresse à sa maîtresse un clin d'œil qui semble vouloir dire : *« Votre petit patient a confiance en moi ; normal, je ne suis pas un être humain ! Et je suis une super maman... »*

– C'est peut-être la solution…, réfléchit Michaël.

Il se gratte l'oreille. Soudain, il s'enthousiasme :

– J'ai une idée… Il faut essayer !

Il s'éloigne et revient, cinq minutes plus tard, avec un biberon de lait. Le bébé chevreuil se réveille et lève sa jolie tête.

– Viens, n'aie pas peur, j'ai du bon lait…

Flora saisit la main de Coline et la serre très fort. Hélas, le faon ne bouge pas. Il observe Michaël, mais ne se décide pas à boire.

Stracciatella soupire. Elle paraît se moquer de la maladresse des hommes ! Elle donne des coups de langue affectueux à son jeune protégé ; du bout de sa truffe, elle le pousse vers le biberon… et le miracle se produit !

Le bébé tend le cou et commence à téter, d'abord timidement, puis il s'enhardit et se montre même un peu glouton.

9

Il pleut...

Il ne reste plus une goutte de lait, le faon retourne se pelotonner contre Stracciatella et s'assoupit. Euphoriques, Flora et Coline quittent le box à pas de loup. Si elles le pouvaient, elles embrasseraient le monde entier ! Le jeune chevreuil est sorti d'affaire ! Après avoir rincé le biberon, elles décident de s'accorder un tour à dos de cheval, ce qui sera une merveilleuse conclusion à cette drôle de journée.

Mais le visage de Coline s'assombrit soudain, elle éprouve à nouveau cet insupportable pincement au cœur. Elle vient d'apercevoir Max, en pleine conversation avec M. Hubert !

Sa présence ne plaît pas à Coline, même si elle se sent un peu bête. Elle a l'impression qu'on a écrit le mot « jalousie » sur son front, en lettres majuscules. Flora se rend aussitôt compte que son amie a changé d'humeur. Elle lui pose un bras sur l'épaule. En échange, elle reçoit un magnifique sourire.

Plus copines que jamais, les filles rejoignent Max. Il a les joues toutes rouges, quelque chose ne va pas. De son côté, Michaël fait une grimace, comme si on lui avait écrasé les orteils. Il gronde :

– Tu voudrais que je mente, moi ? Tu m'as bien regardé ?!

Flora connaît l'employé de la clinique. Elle voit bien qu'il fait semblant d'être en colère et s'amuse de la gêne de Max. En effet, celui-ci a perdu tous ses moyens, il tente de bafouiller une réponse, sans oser lever les yeux vers son interlocuteur. Pour Michaël, c'est une question de principe : il ne peut pas accepter de mentir aussi facilement, même s'il a déjà décidé de jouer le jeu. D'ailleurs, il finit par éclater d'un rire franc et bienveillant. Le malheureux garçon est tellement mal à l'aise ! Cette leçon, il n'est pas près de l'oublier…

– Bon, c'est d'accord, je ne dirai rien au docteur. Je suis une bonne pâte, va ! Depuis que les filles ont baptisé ce fainéant de canasson de mon prénom, je ne m'étonne plus de vos impertinences !

Max a l'air d'un hamster qui sortirait de sous une montagne de cailloux : libéré et soulagé. Michaël Hubert conclut en lui tendant une fourche :

– Mais ne crois pas t'en tirer aussi facilement ! Tu me dois un service… J'ai besoin d'aide pour nettoyer les boxes. Tu commences tout de suite.

Max remonte ses manches et accepte de bon cœur. La mine réjouie, Michaël lui donne une tape amicale.

– Le docteur a trop de travail, de toute façon, il ne posera pas de questions. Et même s'il en pose… tu auras accompli ton gage d'ici là ; alors, on n'aura plus besoin de raconter de craques, n'est-ce pas ?

Flora applaudit :

– Tu es le meilleur, Michaël ! Merci !

Elle est contente que Max ait tenu sa promesse et soit revenu. Ça mérite un clin d'œil de gratitude. Le garçon bombe le torse, fier de lui. Il est temps pour la fillette de lui présenter sa « sœur de cœur » :

– Voici Coline, tu l'as sans doute vue à l'école ?

Mais Coline se renfrogne, elle n'a pas l'intention d'être aimable avec Max. Elle désigne la corbeille qu'il a apportée avec lui et se moque :

– T'as ramené ton pique-nique ? Je croyais que tu venais pour travailler !

– Meuh non ! réplique Max. Je voulais juste vous montrer quelque chose…

Il soulève le couvercle de la corbeille. Les fillettes découvrent alors six adorables lapereaux, pas plus gros que des boules de coton : deux blancs, un noir et trois bicolores.

– Oooh, ils sont trop mignons…

En une fraction de seconde, Coline a oublié sa contrariété, et son cœur fond comme du beurre au soleil.

– Ils sont carrément craquants, renchérit fièrement Max.

Il se tourne vers Flora :

– Même si je vais avoir du mal à me séparer d'eux, je voulais te demander… Tu veux en adopter un ? Ou deux ?

Il lui tend l'une des boules de poils tachetées.

– Pour te remercier, car, hier, tu ne m'as pas laissé tomber. Et puis, ils seront bien, ici…

– D'abord un chien, et maintenant deux lapins : ton père va être enchanté ! plaisante Michaël Hubert. En tout cas, moi, je suis d'accord. Tiens, je vais leur fabriquer un palace. Tu devrais prendre les noir et blanc, ils seraient assortis à Stracciatella !

Il ouvre la porte du box en riant et s'en va poursuivre ses tâches.

– Tu peux aussi en choisir un, propose Max à Coline. Ou même deux.

Flora est aussi enthousiaste qu'indécise. Si elle s'écoutait, elle les adopterait tous.

– Ils sont si jolis ! s'écrie-t-elle. Mais on doit d'abord demander la permission à nos parents.

Elle caresse les lapins une dernière fois et les repose dans la corbeille. Les émotions, ça creuse : enfin, elle a retrouvé assez d'appétit pour prendre son goûter.

– Les amis, je vous laisse quelques minutes…, annonce-t-elle. Je vais grignoter un morceau et je reviens. Max, amuse-toi bien en nettoyant les box ! Coline, je passe chez toi tout à l'heure, pour la balade avec Mike ?

Quelques tartines et un grand bol de chocolat chaud plus tard, Flora a retrouvé toute son énergie. La promenade à dos de cheval peut commencer.

– D'accord, Max n'est pas si mal…, reconnaît Coline.

Elle donne un léger coup de pied dans le flanc de Mike et émet un claquement de langue. Le cheval se met au trot. Il contourne l'étang, qui brille comme une feuille d'aluminium sous le soleil. Assise tout contre Flora, Stracciatella a les oreilles au vent.

– Tu dis ça parce qu'il t'a offert un lapin…, répond la fillette en riant.

– Non, je te jure, je le trouve sympa. Oh, je ne t'ai pas raconté !

– Quoi ?

– J'ai le droit de choisir deux lapins. Je vais en prendre un de chaque couleur. Et toi ?

Flora secoue la tête.

– Je ne sais pas, je n'ai pas encore vu mes parents. Michaël a raison : maintenant que j'ai Stracciatella, ça ne va pas être facile de les convaincre.

L'horizon est bas, et le silence règne sur les champs et les prairies. Flora scrute le ciel.

– Regarde ces nuages… Il va pleuvoir.

Les fillettes ont atteint l'orée du bois et s'engagent sur le Chemin des Fées. Ici, la forêt est claire et avenante. L'endroit est presque irréel, tant il a de charme. De chaque côté du sentier, entre les arbres, la mousse forme une sorte de tapis merveilleux et velouté. Des trouées dans le feuillage font danser la lumière du soleil sur les troncs.

– On va jusqu'où ? interroge Flora.

– Jusqu'au chêne !

Hélas, dès que les copines arrivent à hauteur du vieil arbre, les premières gouttes de pluie se mettent à tomber. Flora porte la main à son visage et en essuie une qui descend le long de sa joue. En quelques secondes, le ciel ouvre les vannes, et le déluge s'abat sur les petites promeneuses.

– La vache ! s'exclame Coline, en remontant la fermeture éclair de son coupe-vent. Il faut chercher un abri ! Je crois qu'il y a une mangeoire pour les chevreuils près d'ici, avec un toit. On y va !

Flora veut protester : elles n'ont pas le droit d'aller plus loin. Mais, avant qu'elle en ait eu l'occasion, Mike est reparti au galop à travers la forêt, talonné par sa maîtresse, en quête du refuge qui les protégera de l'averse.

Le chemin se rétrécit de plus en plus, et les sous-bois deviennent denses et obscurs. Flora a perdu tout sens de l'orientation depuis un long moment… et il n'y a toujours pas de mangeoire en vue !

– Tu es sûre que tu sais où on est ? demande-t-elle, effrayée.

Coline ne répond pas et esquisse une moue désolée. L'eau ruisselle sur les joues de Flora. Elle frissonne. Le silence de son amie ne peut signifier qu'une seule chose : elles sont perdues !

10

La cabane dans les bois

Sans s'en rendre compte, les fillettes ont parcouru une grande distance, et Mike souffle comme une vieille locomotive. On n'entend plus que sa respiration et la plainte du feuillage qui plie sous les trombes d'eau s'abattant du ciel. Coline fait ralentir son cheval et inspecte les alentours.

Soudain, un coup de fusil retentit, aussitôt suivi d'un deuxième… puis d'un troisième ! Ils résonnent dans l'air en un fracas déchirant.

Dans un buisson, un renard détale. Des oiseaux s'affolent et s'envolent en nuée. Stracciatella sursaute. Mike se cabre et manque de faire tomber ses trois cavalières. Plus moyen d'avancer ! Coline lui murmure à l'oreille :

– Là, du calme, mon beau !

Les filles échangent un regard craintif et bouleversé. D'où provenaient ces détonations ? Qui s'amuse à tirer ainsi ? Elles n'en ont aucune idée...

Mais elles n'ont pas le temps de s'interroger davantage, car elles aperçoivent une cabane. Elle est tout de travers, dissimulée au cœur de la végétation. Ses murs sont enduits d'une couche de peinture brunâtre écaillée. Son toit mal fichu ressemble à la colonne vertébrale d'un bossu.

Coline hausse les épaules :

– Ce n'est pas une villa, mais, au moins, on sera au sec !

Les fillettes sautent à terre et se frayent un chemin jusqu'à la curieuse maisonnette. L'accès en est difficile. Elles doivent prendre garde à ne pas s'égratigner aux branches, ni trébucher sur une racine.

– Désolée, Mike, tu vas devoir attendre ici, soupire Coline en lui tapotant le nez. Tu es habitué à rester dehors, dans l'enclos ; ça ne te dérange pas trop, hein ?

Elle lui fait une nouvelle caresse et l'attache à un arbre. Le cheval n'est pas mécontent : c'est l'occasion de se régaler de l'herbe grasse et savoureuse qui pousse ici en grande quantité.

De son côté, Stracciatella n'est pas aussi tranquille. Elle montre des signes de nervosité, grogne, hérisse le poil, puis s'élance. Les fillettes, stupéfaites, ne parviennent pas à la retenir.

– Qu'est-ce qu'elle a ? s'inquiète Flora.

Les deux amies lui emboîtent le pas, longent la bicoque en bois et s'approchent de l'entrée. Des fils barbelés rouillés délimitent un passage, le sol est jonché de pneus crevés et de bidons défoncés.

La chienne est de plus en plus agitée, elle aboie furieusement. Flora et Coline font quelques pas encore et, tout à coup, découvrent un spectacle terrible : deux faons, transis de peur et de froid, les sabots enfoncés dans l'argile détrempée, le pelage couvert de cette abominable boue.

Les fillettes en restent bouche bée, l'horreur les saisit à la gorge. Les petits captifs sont attachés à un piquet – par une chaîne. Dans un seau cabossé, rouillé, un fond d'eau croupit et, jetées à même le sol, quatre ou cinq misérables poignées de foin piétiné et crotté constituent leur seule nourriture.

Flora saisit Stracciatella par le collier. Il lui faut faire bien des efforts pour l'apaiser. Elle-même ne peut éprouver autre chose que de l'effroi et du dégoût. Son cœur s'emballe et paraît ne plus pouvoir ralentir.

Devant la sinistre cabane, une grande table en bois et un banc vermoulu sont disposés sous une sorte de grand préau. Au-dessus, des peaux de sangliers sont suspendues.

– Le bébé chevreuil que nous avons sauvé doit s'être échappé d'ici. Je crois qu'on vient de trouver ses frères !

Les fillettes en sont là de leurs suppositions, lorsqu'un bruit de moteur attire leur attention.

– Cache-toi ! souffle Flora à son amie, en la poussant dans un buisson.

Elle retient Stracciatella et la muselle d'une main ferme : il ne faut pas se faire remarquer ! Une vieille voiture rouge dévale le chemin de terre, immédiatement suivie par un break sur lequel on peut lire, en lettres noires, le slogan publicitaire : *Gilles Derais – La viande est tendre, votre boucher vous bichonne !* Les véhicules stoppent devant la cabane, et deux individus en descendent.

Le premier, bien en chair, est vêtu d'un tablier à carreaux bleus au-dessus d'une chemise et d'un pantalon blancs. Son visage rougeaud est souligné par un double menton. L'autre est balafré de partout ; les cicatrices sur ses joues le font ressembler à un ananas pourri. Son regard sournois et glaçant inspecte les environs, puis l'homme ouvre le coffre de sa voiture. Les deux compères en déchargent un fardeau qu'ils ont bien du mal à porter jusque sur la table.

Terrifiées, Flora et Coline étouffent un cri : c'est un sanglier mort ! Elles comprennent qu'il vient d'être tué, car un filet de sang coule de sa gueule entrouverte. C'est un véritable cauchemar, mais les deux copines savent qu'aucun réveille-matin ne les tirera de cette situation dangereuse. Elles n'ont jamais autant tremblé ; pour la première fois de leur vie, elles ont vraiment peur. Elles s'aplatissent le plus possible et, tapies dans la verdure, tentent de s'y fondre à la manière des caméléons. Leurs habits leur collent à la peau. Elles ne remarquent même plus le froid et l'humidité. Elles ont besoin de toute leur concentration pour ne pas être découvertes.

Depuis leur cachette, elles assistent aux manigances des voyous, apparemment en plein marchandage. Le vent leur fait parvenir des bribes de la conversation. La tête d'ananas gesticule dans tous les sens.

– Vous m'avez bien regardé ?! C'est pas un prix, ça ; c'est du vol !

Furieux, il ponctue ses paroles de coups de poing sur la table. Le bonhomme au tablier lève les bras et prononce des mots que les fillettes distinguent mal. Après quelques va-et-vient, l'homme aux cicatrices s'immobilise et semble donner son accord. Les deux complices se tapent dans la main. Le boucher dégaine un portefeuille bourré de billets, il en retire une liasse qu'il tend à l'autre. Il ne leur reste plus qu'à transporter la carcasse à l'arrière du break.

Mais… non, ils n'en ont pas terminé : ils reviennent et s'arrêtent devant les malheureux faons.

Flora est horrifiée.

– Il ne va quand même pas les emmener ?!

Elle retient ses larmes.

L'homme à la tête d'ananas s'anime de plus belle. Le second homme tâte le dos et les flancs des deux petites victimes. Sa tête, ronde comme une boule de bowling, pivote de droite à gauche. Flora et Coline peuvent alors percevoir quelques paroles :

– … bien trop maigres… ça s'vendra pas !

– Quoi ?! Fichez-moi le camp, escroc ! Ne comptez pas sur moi pour refaire des affaires avec vous ; pas question ! Ces bestiaux sont de premier choix ! Allez, ouste… Déguerpissez !

Dans son énervement, il se rue sur l'un des faons et le frappe, comme si la pauvre bête était coupable de l'échec de la négociation. Il insulte le boucher, et ne s'arrête que lorsque le break de ce dernier démarre et s'engage sur le chemin forestier pour bientôt disparaître.

Au bout de quelques minutes, il quitte les lieux à son tour. Les fillettes attendent que leurs cœurs se remettent à battre normalement, puis elles osent enfin ramper hors de leur cachette. Elles sont mouillées jusqu'aux os, mais surtout choquées. Stracciatella se secoue et lance un aboiement rancunier, car elle en veut à sa maîtresse de lui avoir imposé le silence si longtemps.

Ce repaire de bandits est le lieu le plus triste du monde. Flora frémit. Soudain, elle comprend :

– Les coups de feu ! Bien sûr ! Celui avec les cicatrices est un chasseur, à mon avis… Est-ce qu'ils ont le droit de faire ça ? Tuer des sangliers ? Et maltraiter des faons innocents ? C'est dégoûtant. Ça devrait être interdit !

Flora hausse les épaules, puis reprend :

– C'est bizarre, quand même ! Et, si on ne fait rien, les chevreuils vont mourir, c'est sûr et certain ! Quelqu'un va les acheter, ou alors il va les affamer et…

Les petites filles rejoignent Mike. Le cheval les accueille par un hennissement joyeux. Impatient, il martèle la terre de ses sabots.

– Allez, à la maison ! s'écrie Coline.

Ses lèvres sont bleues, et elle claque des dents. Flora lui adresse un regard désespéré : il faudrait d'abord retrouver le chemin du retour, et ça, ce n'est pas gagné…

11

Une héroïne à quatre pattes

Le ciel s'obstine à ne pas refermer ses écluses. La pluie est torrentielle, et le soir engloutit ce qui reste de lumière. Découragée, Flora se laisse glisser à terre, contre un tronc d'arbre, et se cache le visage dans les mains. Comment vont-elles réussir à rentrer ?

À l'idée de passer la nuit dehors, loin de chez elle, livrée aux intempéries et aux pires dangers, elle a le trouillomètre à zéro. Et puis, elle se sent lasse. L'odeur de la boue et du sang ne l'abandonne plus, la vision de l'abominable cabane la fait frémir. Le froid et l'angoisse la paralysent.

« Nous sommes perdues », se répète-t-elle.

Elle a envie de pleurer, mais se retient, pour ne pas affoler Coline. L'important est de réfléchir et de trouver un moyen de se sortir de cette situation. Sous son crâne, c'est une véritable tempête !

De son côté, du bout de la truffe, Stracciatella fouille le tapis de feuilles sur le sol, et ses recherches semblent fructueuses, car elle se met à aboyer.

– Reviens ici, grommelle sa maîtresse. Je ne veux pas jouer. Tiens-toi tranquille !

Elle lève les yeux au ciel, agacée. La chienne s'entête, elle va et vient en remuant la queue.

– Hé, attends un peu, comprend Coline. Elle ne veut pas jouer ! Elle nous demande de la suivre !

Flora observe pensivement le comportement de Stracciatella, puis s'écrie :

– D'accord ! On y va. Elle nous guidera peut-être : les chiens sont capables de parcourir des kilomètres pour rejoindre leur foyer. On n'a rien à perdre…

La petite troupe se met alors en route. Stracciatella file droit devant, le museau au vent. Presque aussitôt, Mike part au trot. Voilà qui est de bon augure ! Il a dû reconnaître la direction de l'écurie, où l'attend sa ration de foin frais. C'est incroyable, l'énergie dont ce cheval fait preuve quand il s'agit de manger !

Petit à petit, les arbres deviennent moins touffus, la forêt, moins épaisse. Au bout de quelques minutes, le vieux chêne apparaît.

– On n'était pas si loin, on a dû faire beaucoup de zigzags, constate Coline, presque honteuse.

Stracciatella rejoint Flora, qui la hisse à nouveau sur le dos de Mike.

– Qu'est-ce que je ferais sans toi ? murmure la fillette.

De soulagement, elle éclate en sanglots. Ses larmes vont se perdre dans le pelage de la chienne déjà mouillé par la pluie.

– Il faut aller tout raconter à ton père, affirme Coline, en guidant Mike sur le Chemin des Fées. Il libérera les pauvres faons.

– Réfléchis ! objecte Flora. Si on dit à nos parents qu'on est allées plus loin que le vieux chêne, ils nous puniront... Non, on doit se débrouiller par nous-mêmes !

Coline pousse un profond soupir ; son amie a raison. Flora se souvient de l'histoire du berger allemand maltraité.

– Et, même si on avoue tout à mon père, il ne pourra pas délivrer les faons ! Il risquerait d'aller en prison pour vol...

La campagne est maintenant plongée dans la nuit noire. Tout est silencieux, comme si le monde entier venait de se mettre au lit ; il n'y a plus personne dehors. Seule la pluie accompagne les jeunes aventurières.

– Les faons sont en danger ! Il faut agir ! s'écrie Coline, outrée.

Les fillettes ont enfin atteint la ferme des Lefort.

– Comment faire ? Je n'ai pas d'idée, gémit Flora, accablée.

– Il faut en trouver une !

Flora et Coline sautent à terre, dessellent Mike, le reconduisent dans son box et le frictionnent avec de la paille fraîche. Stracciatella se roule dans le foin avec des jappements de plaisir. Le cheval, lui, est allé droit à sa mangeoire et il se régale.

– Rendez-vous demain dans notre igloo pour réfléchir à un plan, déclare Flora.

Elle s'interrompt et rassemble son courage, consciente que sa prochaine question risque de froisser sa « sœur de cœur » :

– Est-ce que je peux demander à Max de venir ? À trois, on aura plus de chances de réussir…

Elle ose à peine regarder Coline dans les yeux…

– Ce crâneur ? Dans notre cachette ? Tu n'es pas sérieuse ! s'écrie la fillette.

Mais elle adresse aussitôt un clin d'œil rassurant à sa copine.

– Je plaisante ! Je suis d'accord avec toi, nous avons besoin d'aide. Je passerai le chercher à vélo, il ne connaît pas le chemin… et j'en profiterai pour prendre mes bébés lapins.

Coline rayonne de joie, au contraire de Mme Lefort qui apparaît alors, pas contente du tout.

– Ah, vous voilà ! Vous avez vu l'heure ? Je me suis fait du souci ! Tout va bien ?

– Oui, Maman, j'arrive !

– Vous êtes trempées, vous allez vous enrhumer ! Allez, Coline, file prendre un bon bain chaud.

Coline se penche à l'oreille de son amie :

– À demain, à l'igloo. Et pas un mot, à personne !

Elle pose un doigt sur ses lèvres, en guise de serment.

– Pas un mot, répète Flora, avant de s'élancer sur le chemin de sa maison.

À l'heure convenue, le lendemain, Flora arrive à la cachette. D'humeur joueuse, Stracciatella sautille dans tous les sens. Pourtant, au départ, elle ne voulait pas venir. La « super maman » avait décidé que sa place était dans le box, à côté du faon. D'ailleurs, grâce à l'amour qu'elle lui donne, il reprend des forces très rapidement.

Flora aperçoit le vélo de Coline contre la haie, à côté du VTT de Max. Elle se faufile à l'intérieur de leur igloo de branchages et de feuilles et y rejoint ses amis, sur la couverture qu'ils ont dépliée au sol.

– Vous savez ce que je crois ? demande le garçon d'un ton très sérieux.

– Non. Quoi ?

– L'homme n'est pas un chasseur… Ce qu'il fait, ça s'appelle du *braconnage* !

Il a prononcé ce mot comme s'il voulait le cracher loin de lui, comme s'il s'agissait d'un poison.

– Du braconnage ?

– Oui, il n'a pas le droit de tuer des chevreuils ou des sangliers. Il n'a pas de permis de chasse. Il fait ça pour l'argent, même si c'est interdit.

Flora et Coline réfléchissent.

– Tu veux dire qu'on a affaire à un criminel ? interroge Flora, les yeux écarquillés. On se disait bien qu'il y avait quelque chose de louche, là-dessous !

Elle est interrompue par Stracciatella qui passe la tête par l'entrée de l'igloo, un bâton dans la gueule. La fillette se penche par l'ouverture et jette le bout de bois au loin. La chienne repart à toutes pattes.

D'habitude, les fillettes se sentent en sécurité dans leur cachette secrète, mais aujourd'hui le vent qui s'y engouffre est chargé des terribles images. Là-bas, dans les bois, deux pauvres petites créatures sont enchaînées, victimes d'un dangereux malfaiteur. Il faut agir, mais n'est-il pas déjà trop tard ?

– Si on vole quelque chose à un voleur, est-ce que c'est encore du vol ? demande Flora.

Max fronce les sourcils, il se creuse la cervelle.

– Oui. Enfin, c'est ce que mon père m'a dit. Il faut trouver une autre solution… Oh, ça y est, je sais !

Il baisse la voix et déclare :

– On peut tout de même délivrer les faons !

Le visage de ses amies s'illumine. L'espoir renaît. Stracciatella vient de se faufiler à l'intérieur de l'igloo. Curieuse, elle dresse les oreilles, son bâton toujours dans la gueule. Max prend une grande inspiration et se lance :

– On est des enfants, non ? Et les enfants ne vont pas en prison, pas vrai ? Alors, si on détache les faons, personne ne pourra nous punir…

Flora et Coline échangent un regard, puis s'écrient en chœur :

– Alors, qu'est-ce qu'on attend ?

Et la joyeuse petite bande éclate de rire.

12

Le plan

– On dirait que Mike marche sur des œufs ! Les serviettes le gênent, murmure Flora à l'oreille de Coline.

Celle-ci hoche la tête et sort son cheval de l'écurie. En effet, la démarche de l'animal est comique. Les enfants ont enveloppé ses sabots de draps de bain roses à fleurs, pour étouffer le bruit de ses pas sur la route goudronnée.

– Il n'y en a pas pour longtemps, juste quelques mètres. Sur le chemin, la terre sera molle ; on pourra lui retirer tout ça.

Mike n'apprécie pas qu'on le force à porter ces chaussons ridicules. Max, lui, ne peut se retenir de pouffer et manque de tomber de son vélo. Il est obligé de poser pied à terre.

En tout cas, le plan fonctionne : personne ne remarque que trois enfants, un chien et un cheval bedonnant se sont mis en route, à l'heure où ils devraient dormir à poings fermés. La lune, bien ronde, suspendue sur un ciel perlé d'étoiles, éclaire de sa lumière douce et bienveillante le sentier qu'emprunte la petite troupe. Les enfants et leurs compagnons d'aventure forment un étrange équipage.

Ils se dirigent vers la forêt, armés de lampes de poche et de leur détermination sans faille à réussir la mission qu'ils se sont fixée. Max a emporté la grande pince de son père. Un canif dépasse de sa poche de pantalon. Il a pris courageusement la tête de l'expédition.

Personne n'ose prononcer le moindre mot. Il règne un silence impressionnant, que seul le cri d'une chouette vient contrarier. L'ambiance est tendue, les filles ont la chair de poule. Nerveuse, Flora agrippe le pelage hirsute de Stracciatella. Elle fredonne tout bas une mélodie joyeuse, dans le but de chasser sa peur et de faire taire sa mauvaise conscience. Partir ainsi sans prévenir ses parents, elle n'aime pas ça. Les trois complices se sont glissés hors de chez eux, une fois les adultes endormis, et se sont rejoints dans la cour de la ferme des Lefort. Quel autre choix avaient-ils ? Abandonner les faons à leur sort ? Pas question !

Au niveau du vieux chêne, Max pose son vélo, et les filles descendent du cheval. Ils ont accroché une loupiote au collier de Stracciatella, et vont maintenant suivre ce faisceau lumineux à travers la forêt, de plus en plus épaisse et impénétrable. L'obscurité les enveloppe d'un inquiétant manteau. Des buissons de ronces et des branchages se dressent sur leur parcours, et leur écorchent les bras et les mollets. Mais il faut savoir prendre des risques quand on veut sauver des animaux en péril !

À proximité de la terrible cabane, le groupe marque une pause. On attache Mike à un arbre et on met une laisse à Stracciatella. Avant d'atteindre la clairière, on éteint les lampes. Pendant quelques secondes, le noir est total. Il faut que les yeux s'y habituent.

Peu à peu, des contours sinistres se dessinent sous les rares rayons de lune qui filtrent à travers les feuillages : sombre, difforme et isolé, le repaire du braconnier apparaît entre les arbres. Les poils de Stracciatella se hérissent, et elle se met à grogner.

– Chut ! souffle Flora. Le vilain monsieur est peut-être là.

Les enfants s'allongent sur le sol, et rampent sur les genoux et les coudes. Il faut éviter les barbelés.

– Personne en vue, annonce Max à voix basse. Il n'y a pas de danger !

Il se relève et avance vers la cabane, ses amies lui emboîtent le pas.

Au moment d'atteindre le but, Flora est prise de panique. Quelle épouvantable sensation ! La fillette cherche des yeux les bébés chevreuils et ne les voit pas. Auraient-ils déjà été emmenés ?

Enfin, elle pousse un soupir de soulagement : elle vient d'entendre le bruit discret d'une respiration, et deux petites silhouettes trahissent la présence des animaux endormis. Max inspecte les environs. Il rallume sa lampe de poche et la tend à Coline.

– Tiens, dirige-la vers la chaîne, s'il te plaît, murmure-t-il en s'emparant de la pince coupante.

Coline n'éprouve plus du tout de méfiance envers le garçon ; elle est même contente qu'il soit présent.

Stracciatella recommence à grogner et tire sur sa laisse. Elle aboie avec fureur en direction de l'entrée de la cabane.

– Chut ! Qu'est-ce que tu as ?

Flora la caresse, mais la chienne ne se calme pas. Avec sa pince, Max peine à couper l'acier des chaînes. Il mobilise toutes ses forces, sans parvenir à entamer le métal.

Soudain, les événements se précipitent : la porte de la cabane s'ouvre dans un fracas assourdissant, une lumière vive, provenant de l'intérieur, éblouit les enfants, et une ombre lugubre surgit, un fusil en bandoulière, des jurons plein la bouche. La surprise passée, les trois amis reconnaissent la face hideuse et balafrée du braconnier. L'air frais de la nuit se charge d'effroi.

Le cœur de Flora bat la chamade ; elle a l'impression qu'il va sortir de sa poitrine. Le bandit les menace de son arme.

– Bon sang, qu'est-ce que vous fichez là ? vocifère-t-il. Et qu'est-ce que vous mijotez, comme ça, au beau milieu de la nuit ?

Les fillettes tentent de s'enfuir, mais se prennent les pieds dans la laisse de Stracciatella et s'affalent de tout leur long dans la boue. La main calleuse du brigand s'abat sur l'épaule de Flora. L'instant suivant, la voici à nouveau debout, maintenue d'une poigne de fer par l'horrible bonhomme. Il se penche vers les filles terrorisées et les examine de son regard glacial.

– Voyons un peu qui nous avons là ! gronde-t-il.

Son haleine empeste le tabac et l'alcool. Flora et Coline en ont la nausée.

– Deux morveuses ! Je n'y crois pas. Alors, qu'est-ce que vous avez, à fureter autour de chez moi comme ça ?

Tout à coup, il aperçoit la pince à côté des faons. Son visage se durcit.

– On dirait que j'ai affaire à deux voleuses. Vous voulez me piquer mes bestioles ?

Sa tête d'ananas est rouge de colère, Flora s'attend presque à la voir éclater en mille et un morceaux.

« Deux voleuses ? » relève la fillette en scrutant autour d'elle.

Est-ce que le braconnier ne sait pas compter jusqu'à trois ? Non, il a raison, Max a pris la poudre d'escampette.

Quelle déception ! Flora avale sa salive avec difficulté. Même si Coline est à ses côtés, elle se sent très seule… Ce traître de Max les a laissées tomber ! Elle qui croyait qu'il était son ami ! Mais non, ce n'est qu'une poule mouillée ! Un lâche !

– Hop, hop, hop, on avance ! ordonne le brigand. Votre petite aventure s'arrête là. Ah, vous avez voulu me rouler dans la farine ; vous allez voir de quel bois je me chauffe !

Et il pousse les fillettes et Stracciatella devant lui.

Un lit pliant avec une couverture en boule et un oreiller miteux, une vieille chaise et une table bancale, au pied de laquelle un berger allemand est allongé : voilà ce que découvrent Flora et Coline en entrant dans la cabane. Le braconnier attrape la laisse de Stracciatella et attire la petite chienne devant la gueule du molosse.

– Rex, ricane-t-il, vise un peu cette demi-portion ! Tu vas l'avaler toute crue, hein ?!

Mais le berger ne réagit pas, son regard n'exprime que de la tristesse et de la crainte. Son pelage est abîmé. Il a une cicatrice au-dessus de l'œil gauche. Devant la passivité de son chien, le maître grommelle :

– Qui est-ce qui m'a filé un bon à rien pareil ?!

Il se tourne vers ses prisonnières et les menace de son arme.

– Mettez-vous par terre…

Il les oblige à s'asseoir sur le sol, près du lit, et prévient :

– Et surtout, pas un geste, ou je vous ferai regretter d'être nées !

Puis il éteint la lumière, ne laissant que la flamme vacillante d'une bougie, et va s'installer sur une grosse pierre devant la porte de la cabane. Il allume une cigarette. La lueur du briquet donne à son visage une apparence diabolique ; le reflet rougeâtre sur ses joues balafrées les fait ressembler à l'écorce d'un vieux tronc desséché. Pendant que la fumée s'élève en volutes vers le ciel, le braconnier paraît en pleine réflexion.

Flora est la première à rompre le silence. Elle demande d'une voix faible à Coline :

– Comment on va se sortir de là ?

Celle-ci hausse les épaules d'un air découragé :

– Aucune idée. Et dire que notre « super nouveau copain » s'est enfui sans nous !

Moi qui commençais à bien l'aimer... Quel minable ! Ça me donne envie de hurler !

Des ombres dansent sur les murs. Leur ravisseur fume comme un pompier. De temps à autre, il jette un coup d'œil dans leur direction, pour s'assurer qu'elles n'essaient pas de s'évader. Il finit par écraser son dernier mégot, entre dans la cabane et rugit :

– Je n'ai pas le choix ! Vous avez vu mon visage, vous connaissez ma planque : vous laisser partir serait de la folie...

– Qu'est-ce que vous allez nous faire ? s'écrie Flora, en tremblant de tous ses membres.

L'horrible type entraîne alors les petites filles et Stracciatella hors du refuge. Il les conduit jusqu'à une voiture rouillée, garée derrière une haie, et les force à grimper sur la banquette arrière. Il claque la portière. Les vitres sont teintées ; personne ne peut voir ce qui se passe à l'intérieur.

Quand il se met au volant, Flora en profite pour tenter de s'échapper, en vain : les portières sont bloquées. Les deux copines sont piégées ! L'homme tourne la clé de contact, le moteur gronde, et la voiture démarre. Il passe la première, accélère ; l'auto toussote, crachote et cale au bout de quelques mètres.

– Nom de Dieu ! Qu'est-ce qu'il y a encore ?

Il descend du véhicule, écumant de rage, décrit un cercle tout autour et envoie un coup de pied dans un pneu.

– Crevés ! Pas possible, les quatre pneus à plat… Qui a fait ça ?

Flora et Coline échangent un coup d'œil plein d'espoir. Elles comprennent qu'elles se sont trompées sur le compte de Max : c'est bel et bien un véritable ami !

13

Le sourire de Stracciatella

Stracciatella est la première à remarquer les rayons lumineux entre les arbres. Elle penche la tête et dresse les oreilles, comme si elle se concentrait sur un bruit lointain. Du bout de son museau, elle pousse Flora, puis bondit contre la vitre en aboyant. À travers la fenêtre opaque, on peut voir danser de très discrets points jaunes et blancs. Ils paraissent descendre le sentier forestier, de plus en plus nets. Les fillettes respirent enfin. La peur cède la place au soulagement. On vient à leur secours !

Le braconnier ne s'est rendu compte de rien. Il a posé son fusil sur le siège passager, elles l'entendent jurer, hors de lui. Il fouille son coffre en quête d'outils. Ce raffut est peu à peu couvert par des bruits de moteur, de plus en plus distincts. Les jurons s'interrompent, le bandit devine qu'il n'est plus seul. Il se retourne et se retrouve dans la lumière des phares ; ébloui, il lève la main devant ses yeux.

Ce qui se passe ensuite rappelle à Flora les séries policières qu'elle aime tant : une voiture fonce vers la cabane, on entend un crissement de freins brutal, deux hommes armés jaillissent du véhicule et, sans laisser le temps au criminel de réagir, le mettent en joue.

– Pas un geste !

– Vite, il faut sortir d'ici, s'écrie Flora.

Les filles escaladent les fauteuils avant, c'est l'unique moyen de quitter la vieille voiture rouillée. Lorsque Coline donne un coup d'épaule dans la portière de gauche pour la débloquer, un bruit sourd retentit : de l'autre côté, quelque chose vient de tomber. Les deux amies jaillissent de leur prison et s'aperçoivent qu'il s'agit de leur ravisseur. Il est au sol, les quatre fers en l'air ! Dans sa fuite, il n'a pas vu la portière s'ouvrir, et le choc lui a fait perdre l'équilibre.

Stracciatella mord le fond de pantalon du vilain bonhomme, mais il parvient à se dégager et détale à la vitesse de l'éclair. La chienne le regarde s'éloigner, l'air déçu, un bout de tissu entre les crocs.

– Il ne faut pas le laisser s'enfuir ! crient les hommes venus au secours des fillettes.

Ils s'élancent à ses trousses, mais les faisceaux de leurs lampes ne sont pas assez puissants : l'homme a disparu dans la forêt.

– Nom de nom, il nous file entre les doigts ! s'exaspèrent l'un d'eux, hors d'haleine.

Il tire en l'air, la détonation résonne entre les arbres. Malheureusement, le braconnier s'est évanoui dans la nature.

Coline est folle de rage.

– Ce n'est pas possible !

Elle donne un coup de pied furieux dans une pierre. Les deux inconnus rebroussent chemin.

– Il s'est fait la belle. Inutile de le chercher pour le moment ; il fait trop noir pour le retrouver.

Un étrange vacarme retentit alors dans l'épaisseur de la végétation. Des branches craquent. Quelque part entre les arbres, on entend le brigand qui pousse un long gémissement. Il reparaît dans la clairière. Son visage balafré et grimaçant exprime une peur immense, comme s'il était poursuivi par un monstre.

Et en effet, derrière lui, Flora et Coline aperçoivent une étrange silhouette : un fantôme à fleurs, rose bonbon ! Le malfaiteur est aussitôt plaqué au sol, face contre terre, et on lui menotte les poignets dans le dos.

– On te tient, voyou ! Allez, debout ! s'écrie le plus grand des deux hommes.

Il entraîne le prisonnier vers la voiture.

Stracciatella n'est pas rassurée pour autant, et les fillettes sont abasourdies : le monstre fleuri fonce droit sur elles. Mais, quand il arrive à leur hauteur, il n'est plus si terrifiant. Il ressemble juste à une montagne de tissu ! Incroyable ! On dirait…

– Nos serviettes ! crie Flora. Et en dessous… c'est Max et Mike !

Le garçon enlève son déguisement. Il caresse la tête de l'animal et salue les filles, très fier de lui.

– Tu sais monter à cheval ? s'étonne Flora.

– Eh oui, j'ai pas mal de talents cachés ! fanfaronne-t-il, en mettant pied à terre. Pfiou, je suis content de vous revoir ! Vous n'avez rien ?

Flora se retient de lui sauter au cou.

– Où tu étais ? lance Coline, la mine pincée, en jetant un regard sombre au garçon.

– Quand le braconnier vous a attrapées, je me suis caché dans la forêt. J'avais mon portable avec moi et j'ai pu téléphoner à mon père. Ensuite, je suis revenu sur mes pas…

Malgré ces explications, Coline ne décolère pas :

– Et pourquoi tu n'es pas resté avec nous ?

Max, piqué au vif, croise les bras.

– Dans ce cas, qui aurait appelé les secours ? Qui aurait crevé les pneus de la voiture ? Qui aurait fabriqué un costume bizarre avec les serviettes pour faire peur au braconnier ? Tu peux me le dire ?

À cet instant, une voix interpelle les enfants :

– Qu'est-ce qui vous a pris d'aller vous mettre dans une situation pareille ?

Flora se retourne. Maintenant qu'ils se sont rapprochés, elle reconnaît les deux hommes. Il s'agit d'Enzo Richet et de son collègue gendarme. Dans l'urgence, le père de Max a enfilé la veste de son uniforme par-dessus son pyjama à rayures beiges et blanches. Si les circonstances n'avaient pas été si graves, cela aurait amusé la fillette.

– On vous ramène. Vos parents et moi, on a deux mots à vous dire ! Ça va barder pour vos matricules…

Comme il était très tard, les parents ont finalement décidé que l'explication attendrait le lendemain. Flora et Coline se préparent au pire. Recroquevillées sur le canapé, dans le salon des Weber, en face de leurs parents, elles gardent les yeux baissés. Lucas Lefort traverse la pièce à grandes enjambées, son visage est écarlate de fureur. Il explose :

– Je ne veux même pas imaginer ce qui aurait pu vous arriver !

Sa femme tente de le calmer :

– Chéri, leurs intentions étaient bonnes…

– Non, Sandra, intervient Étienne Weber, Lucas a raison : elles auraient pu se faire tuer. Jeunes filles, vous n'échapperez pas à la punition !

Les « sœurs de cœur » n'en mènent pas large. D'une voix timide, Flora cherche à se justifier :

– Papa…

– Je n'ai pas terminé, l'interrompt son père.

Flora ne l'a jamais vu dans cet état. Stracciatella s'est réfugiée sous le canapé.

– Ce qui me déçoit le plus, continue M. Weber, c'est que vous ne nous ayez rien dit. D'accord, vous aviez désobéi ; d'accord, vous aviez dépassé le vieux chêne : cela ne justifie pas que vous ne nous ayez pas parlé du braconnier.

L'arrivée de Max et de son père, suivis de Rex, oblige le docteur Weber à suspendre son sermon. Son attention est attirée par le berger allemand, dont la vue le rend pensif. L'expression de son visage devient soudain joyeuse, un sourire se dessine sur ses lèvres.

D'abord surprise, Flora comprend alors le changement d'humeur de son père : M. Richet a annoncé ce matin au téléphone qu'il avait décidé d'adopter le chien du braconnier et, en voyant Rex, le vétérinaire vient de le reconnaître.

– Ce berger… La cicatrice au-dessus de son œil… J'en suis sûr, c'est le chien maltraité par son maître, celui dont je vous ai parlé !

Radieux, M. Weber se tourne vers sa femme. Celle-ci saisit l'occasion pour plaider la cause des enfants :

– Admets que, sans notre courageuse petite Flora, Rex n'aurait pas eu la chance de trouver un autre foyer et d'être aimé à nouveau !

– Ce braconnier était un malfrat de la pire espèce, ajoute Enzo Richet en se laissant tomber dans un fauteuil. J'ai reçu des informations de la part de mes collègues, ils étaient sur la piste de ce sale type depuis longtemps. Il a commis de très nombreux méfaits : vol, chantage, braconnage, et maintenant rapt d'enfants… Il est cuit ! Et le boucher va écoper d'une peine exemplaire.

Le gendarme pose son képi, passe la main dans ses cheveux, puis il reprend :

– J'ai beaucoup réfléchi. Il ne faut pas nous montrer trop sévères. Pour ma part, je suis très fier de ce qu'ont accompli nos trois têtes de mule. Ils ont fait preuve de témérité et de solidarité pour venir en aide à des êtres en détresse. Ça mérite quelques félicitations.

Il adresse un clin d'œil aux enfants, qui retrouvent un peu de gaieté.

– Peut-être, mais ils n'échapperont pas à la punition, maintient le docteur Weber. Et surtout, surtout, il faut que vous promettiez de ne plus recommencer des bêtises de ce genre !

Flora, Coline et Max donnent leur parole. Ils fixent leurs chaussures, mal à l'aise, loin de se douter de ce qui va suivre…

– Michaël va construire un enclos, annonce le vétérinaire, les faons resteront avec nous, et votre punition… sera de vous en occuper !

Les trois amis n'en croient pas leurs oreilles. Quelle merveilleuse sanction ! Leurs visages s'illuminent.

Le docteur Weber serre sa fille dans ses bras.

– Je suis d'accord avec Enzo. Bien sûr, je suis très fier de toi, ma grande. Tu as vu ? Michaël a fabriqué un clapier. Il va falloir y installer quelques habitants…

Des larmes de joie montent aux yeux de Flora, lorsqu'elle constate que son père lui a pardonné. Il a eu tellement peur de la perdre qu'il lui a fallu du temps avant de décolérer, mais maintenant tout est fini. Blottie contre son papa chéri, elle sent à quel point elle est aimée, et ça, c'est irremplaçable !

– Bon, mes petits héros, il est l'heure de manger un morceau. Toutes ces aventures, ça creuse, non ? déclare Isabelle Weber, en apportant une sublime charlotte aux fraises.

Le gâteau est encore meilleur que d'habitude. Est-ce dû à l'épaisse couche de crème ? Ou à la satisfaction d'avoir sauvé la vie de quatre animaux innocents ? Les trois familles sont réunies, on se régale, on discute, on rit énormément. Et Stracciatella est installée sur les genoux de sa maîtresse.

Son regard est noir et profond, si attendrissant qu'on ne peut y résister. Pendant un bref instant, Flora est convaincue que sa chienne lui fait le plus beau des sourires !

Composition et mise en pages
Nord Compo à Villeneuve-d'Ascq

Achevé d'imprimer en avril 2016
par Novoprint
Imprimé en Espagne